KB209154

이사만
잘해도
남으려고는
산다

이사만 잘해도 먹고는 산다

하근수 지음

교회성장연구소

신바람 나는
인생을 만들어 주는 '인사'

지난 2014년 SK 와이번스 감독에서 지휘봉을 내려놓고 제2의 인생을 살면서 정상에 있었을 때 고백하지 못했던 감사를 요즘은 매일매일 하고 있다. 하나님이 기뻐하시는 의미 있는 일을 찾았기 때문이다. 동남아시아의 최빈국 중 하나인 라오스에 미니 야구팀 '라오 브라더스'를 창단하여 가난한 나라의 아이들에게도 꿈과 희망을 심어 주는 일이 이렇게 기쁠 것이라고는 상상을 하지 못했다.

처음 라오스에 가서 아이들에게 꿈을 물었을 때 그들은 하루 세끼 밥 먹는 게 꿈이라고 대답했다. 전쟁이 오래 지속돼 매우 황폐해져 있었기 때문이다. 하지만 지금 아이들은 다른 꿈을 이야기한다. 야구를 배우고 나서는 정치가가 되어 나라를 바로 세우겠다, 선생님이 되어 열악한 교육을 바꾸겠다, 의사가 되어 아픈 사람을 돌보겠다는 꿈을 꾸고 있다. 야구를 통해 새로운 세상을 보고 생각을 넓히니 0점짜리 인생이 100점짜리 인생을 꿈꾸며 나가고 있는 것이다. 마치 내가 가장 존경하는 하근수 목사님이 쓰신 『0

점의 가치』책 내용과 같다.

하근수 목사님은 언제나 웃으신다. 그 겸손한 웃음이 사람들에게 큰 용기를 준다. 그러나 그분의 삶은 결코 쉬운 삶이 아니었다. 가난한 피난민의 아들로 태어나 십 대 소년가장이 되어 푸줏간에서 일하며 가족을 부양했다. 대학은 꿈도 꿀 수 없었고 가족들을 먹여 살릴 수 있을까를 염려하며 하루하루를 사는 인생이었다. 정말 0점짜리 인생을 살 수밖에 없는 환경이었지만 하나님이 목사님을 100점짜리 인생으로 만들어 주셨다. 그분의 마음속에는 "오직 하나님을 기쁘시게 하면 하나님이 목사님의 일을 해주실 것"이라는 굳건한 믿음이 있었다. 그래서 하나님의 양떼인 성도들을 사랑하는 마음으로 언제나 그들을 위하여 기도하며 눈물과 아픔을 어루만져 주신다. 이 믿음을 하나님이 보시고 지금은 동탄 신도시에 멋지고 아름다운 '동탄시온교회'의 담임목사님으로 섬길 수 있도록 이끄셨다. 나는 라오스의 아이들이 이런 목사님의 도전과 꿈, 그리고 삶을 본받았으면 좋겠다고 늘 기도한다. 그리고 그들에게 목사님의 이야기를 들려주며 용기를 준다.

이번에 새롭게 출간될 목사님의 책도 무척 기대가 된다. 책 제목이 『인사만 잘해도 먹고는 산다』라는 이야기를 듣고 크게 공감했다. 아마추어 시절, 세상적인 표현을 빌리자면 "1년 선배는 하나님과 동기동창생이다"라는 말이 있다. 그만큼 선배는 하늘이라서 깍듯이 인사하고, 예의를 갖추어 대했다. 감히 선배의 얼굴을 제대로 쳐다보지 못할 정도로 무서워하고 두려워했다. 이런 분위기에서는 결코 선후배 간에 사랑, 관심, 나눔, 소통을 찾아볼 수 없었다.

그러나 하근수 목사님께서 쓰신 이 책에는 사람들이 살아가면서 꼭! 필요한 것을 크게 공감할 수 있도록 짚어 주셨다. 인사는 '겸손, 돌봄, 소통, 사랑, 복음, 전도, 부흥'이다. 우리의 이웃들에게 인사를 나누며 그들의 삶을 이해하고 관심을 가져 줄 때 하나님의 사랑이 그들 속으로 흘러들어 갈 수 있다. 그들은 잃어버렸던 웃음을 찾을 수 있고, 차갑고 이기적으로 변했던 마음들이 따뜻한 사랑으로 변화될 것이다.

아무쪼록 이 책이 잘 나와서 한국 교회와 사회, 그리고 이웃 간에 신바람 나는 인사 바람이 불었으면 좋겠다.

프로야구 전 감독 **이만수**

세상과 소통하는 교회를
만들기 위한 첫걸음 '인사'

올해 우리 광림교회의 전 교인 여름수련회에 강사로 동탄시온교회를 섬기고 계시는 하근수 목사님께서 오셨다. 평범하게 만나면 잊어버리는 데 평생 똘아이로 만나면 잊어버리지 않는다고 하시면서 30년도 넘은 결혼식 비디오를 보여 주시고, 사모님과 함께 멋진 찬양을 들려주셨다. 많은 성도들이 한바탕 웃으며 큰 감동을 받았다. 평생을 잊지 못할 첫인사가 되었다. 목사님의 설교를 들으면서 하나님께서 크게 세 가지를 깨닫게 하셨다.

첫 번째, 동질적 응집현상이다.

이것은 끼리끼리만 모이는 현상을 말한다. 큰 교회일수록, 전통 있는 교회일수록 이 현상은 더 심하다는 말에 크게 공감했다. 그리고 수련회에 참석한 모든 성도들을 처음 본 사람들끼리 짝을 지어 앉으라고 자리 이동을 시키셨다. 그다음 감독님 내외분과 5분, 담임목사님과 5분 동안 이야기를 나누고 싶은 성도님들은 가라고 말씀하셨을 때 많은 성도들이 내게 달려오는 것을 보고 너무 놀랐다. 이렇게 많은 성도들이 대화를 하고 싶어 갈급해 있었던 것이다. 순간 가슴이 먹먹해졌다. 더욱더 놀라운 것은 그다음에 벌어졌다.

초창기부터 40년을 우리교회에 나온 권사님 두 분은 오늘 처음 만났다는 것이다. 무려 40년을 교회에 나왔음에도 불구하고 서로 오늘 처음 보았다는 말에 정말 놀랐다. 그만큼 우리는 아는 성도끼리만 소통을 하고 다른 성도들에게는 관심이 없었던 것이다. 비록 5분의 짧은 시간이었지만 웃으며 서로를 소개하고 손을 꼭 잡는 모습이 정말 아름다웠다.

두 번째, 전도는 절대 쉬어서는 안 된다는 것이다.

전도를 하다 보면 많은 어려움에 봉착한다. 병원, 파출소, 동사무소 등 관공서 10군데를 찾아다니며 인사를 하면 9곳은 모두 무시를 한다. 동네 100곳을 다니면 99곳은 무시하고 싫어한다. 그러나 반드시 그 속에는 하나님이 예비한 사람이 있다. 그 사람 때문에 전도를 해야 한다. 그러면서 인사를 통해 동장님이 교회에 나오게 된 이야기, 화성시 시장님이 새벽기도 총진군 21일을 나오게 된 이야기를 들려주실 때 인사가 얼마나 중요한지 다시 한번 깨닫게 되었다.

이제 전도는 진심과 전략이 필요한 시대가 되었다. 이 전략에 '인사'만큼 효율적인 것은 없다는 생각이 든다. 웃으면서 상냥하게 건네는 인사가 우리의 이웃과 소통하게 만들고, 그들을 정복하고, 더 나아가 선교하는 것이다.

세 번째, 인사는 관심이다.

목동에 있는 장로교회 집회를 갔다가 점심시간이 되어 밥을 먹으러 가면서 우연히 감리교 종탑을 발견하고 반가운 마음에 연회록을 찾아 담임목사님께 연락을 드렸다고 한다. 그 결과 담임목사님께서 이것은 하나님께서 연결시켜 주신 것이라 믿고 집회를 부탁하셨다고 한다. 얼마나 놀라운 일인가? 인사가 만들어 낸 기적이었다.

나는 '세상과 소통하는 교회, 세상과 소통하는 성도'를 만들기 위해 많은 노력을 기울였다. 그런데 정말 소통하기 위한 제일 좋은 방법은 바로 '인사'라는 생각이 든다. 이번 하근수 목사님의 책을 통해 사회가 점점 잃어 가고 있는 소통이 온전히 회복되기를 소망한다. 특히 성도들이 하나님과 뻥 뚫린 소통을 통해 많은 축복을 받았으면 좋겠다.

광림교회 담임목사 **김정석**

'인사만 잘해도 먹고는 산다'는 동탄시온교회의 표어입니다. 개척교회 시절 저는 늘 교회 밖으로 나와 지역 주민에게는 물론 노점상, 상가, 관공서, 병원을 돌며 인사를 했습니다. 그것은 아버지께서 저에게 물려주신 유일한 유산이 바로 인사였기 때문입니다. 아버지는 언제나 저에게 인사할 것을 말씀하시고 그 인사를 확인하셨습니다.

제 마음속에 가장 깊이 남아 있는 기억은 바로 옆집에 계셨던 친구 병호 아버지에 대한 인사였습니다. 아버지는 언제나 학교에 가려고 준비하고 있던 저에게 말씀하셨습니다.

"근수야! 옆집 친구 병호 아버지 만나면 꼭 인사해라!" 오후에 아버지께서 또 말씀하십니다.

"근수야! 점심에 병호 아버지를 만났어. 아침에 인사했다고 쭈뼛거리며 인사 안 하려고 하지 말고 인사해라!" 저녁때가 되면 아버지는 또 말씀하십니다.

"근수야! 아까 저녁에 병호 아버지를 만났어. 점심에 인사했다고 피하지 말고 가서 인사해라!"

아버지는 저에게 언제나 인사를 가르치셨습니다. 인사는 저에게 삶이요, 습관이었습니다. 제 아버지는 저에게 인사가 핏속에 흐를 때까지 아니 몸에 들어가 DNA가 될 때까지 인사를 시키셨습니다. 어느덧 저에게 인사는 불편함이 아니라 삶 그 자체가 되었습니다.

아버지의 가르침이 제 몸과 하나가 된 것은 인사뿐만이 아닙니다. 아버님의 가르침에는 나눔도 함께하였습니다. 아버지는 음식은 나눠 먹는 것이라고 하셨습니다. 아버지는 언제나 삶에서 이를 실천하셨고 어느 순간부터 나누지 않으면 견딜 수 없는 저 자신을 발견하게 되었습니다.

아버지의 인사 철학은 제 삶이 되었습니다. 제가 신학 공부를 시작하게 되었을 때 이것이 제 아버지만의 가르침이 아니라는 사실을 깨닫게 되었습니다. 하나님 역시 우리에게 인사를 요청하시며 이 인사를 시행할 것을 명하신다는 사실이었습니다. 제 삶은 인사가 중심이 되었습니다. 저는 어디를 가든 무슨 일이 있든 하나님께서 저의 인사를 통해 역사하시는 놀라운 은혜를 체험하게 되었습니다.

저는 신학생 시절 아내가 안성에 있는 한 초등학교로 발령을 받아 안성이라는 낯선 도시로 가야 했을 때도 인사를 통해 역사하시는 하나님을 느낄 수 있었습니다. 낯선 도시에서 방을 구하기 위해 많은 부동산을 찾아다녔지만, 방을 찾을 수 없었습니다. 저는 제가 제일 잘하는 대로 맨 먼저 시내 중심의 교회를 찾아 목사님께 인사를 드렸습니다. 목사님은 저의 인사를 받으시면서 마음을 여셨고, 저의 사정을 들으시고 교인들에게 수소문하여 빈방을 구해 주셨던 것입니다. 인사를 통해 어려운 위기를 넘기게 된 이 일은 저의 간증이 되었습니다.

인사를 통한 저의 은혜는 가는 곳마다 있었습니다. 수원으로 오게 되었을 때도 아내의 학교 근처에서 제일 처음 눈에 띄는 교회에 찾아가 인사를 하였습니다. 그리고 그 교회의 목사님을 통해 전도사 사역을 할 수가 있었습니다.

인사는 언제나 저에게 새로운 기회와 사역을 제공해 주었습니다. 서울 목동의 모 장로교회에 집회를 갔을 때도 인사 때문에 생각지도 않았던 뜻밖의 일을 경험했습니다. 낮 집회를 마치고 식사하던 중에 우연히 같은 교단인 감리교에서 사역하시는 목사님을 알게 되어 바로 전화를 걸어 인사를 드렸습니다. 저는 그분과 전화로 인사할 만큼 가까운 친분을 맺고 있는 것은 아니었기에 그분이 반갑게 전화를 받아 주실지 확신이 없었습니다. 그런데 그 목사님은 반갑게 전화를 받아주시면서 갑자기 저에게 집회까지 부탁하셨습니다. 이 또한 저에게 다가온 인사의 기적이라 할 수 있습니다. 무엇보다도 저는 인사 때문에 지금의 아내를 만나게 되었습니다.

저는 제가 겪은 인사의 놀라운 은혜를 함께 나누기를 소망합니다. 저는 인사가 개인에만 해당되는 은혜가 아니라고 생각합니다. 인사는 우리가 실천해야 할 중요 진리입니다. 제가 아버지로부터 배운 인사는 하나님께서도 우리에게 요청하시는 복음의 기본 원리와 일맥상통함을 깨닫게 됩니다.

하나님께서 우리에게 인사를 요청하신 사실은 화목제에서 찾을 수 있습니다.

화목제란 하나님께 의무적으로 드리는 번제와 소제와는 달리 자원하여 감사로 드리는 제사입니다. 화목제가 다른 제사와 달랐던 중요한 점은 제물의 일부는 불태워 하나님께 드리고, 일부는 제사장에게 주었으나, 그 나머지는 예배자에게 되돌려 주어 함께한 예배자들이 먹을 수 있었다는 것입니다. 따라서 화목제는 즐거운 축제라고 할 수 있었습니다. 이 화목제는 형태에 따라 감사제, 서원제, 자원제로 나눠 설명됩니다. 여기서 주목해야 할 부분은 바로, 감사제와 자원제입니다.

감사제란 하나님께서 우리를 환란에서 구원해 주셨음에, 혹은 하나님께서 우리에게 은혜를 베풀어 주셨음에 감사하여 제사를 드리는 것을 가리킵니다. 또한, 자원제란 낙헌제라고도 하는데 하나님의 호의와 선하심에 대해 예배자가 자발적으로 드리는 제사를 가리킵니다.

특별히 자원하여 화목제를 드리면 번제와 같은 다른 제사와 달리 흠이 있는 제물이 허용되었습니다(레 22:23). 이것은 예배자가 자신의 형편에서 드릴 수 있는 최대한의 감사를 인정하고자 하는 하나님의 배려라고 생각됩니다.

화목제사에서 중요한 것은 언제나 식사로 종결된다는 사실입니다. 하나님께 드렸던 제물을 제사 후에 다시 받아 제사에 참여했던 예배자와 이웃과 친지들이 함께 식사를 나눌 수 있었던 것입니다. 이들은 함께 식사를 나누며 그 가운데 하나님의 임재와 평화를 가까이 느낄 수 있었던 것입니다. 이 식사 자리는 바로 하나님께서 축복하신다는 보증이요, 하나님의 언약을 지키는 자들이 하나님의 평화를 누리게 된다는 사실을 눈으로 확인하는 표시이기도 하였습니다.

여기서 우리는 인사를 요청하시는 하나님의 모습을 발견하게 됩니다. 그것은 하나님께서 요청하시는 인사란 바로 구원해 주신 은혜에 감사하며 베풀어 주셨던 호의와 선하심에 감사드리는 것입니다.

하나님은 우리가 드린 감사만을 받으시는 분이 아닙니다. 하나님은 우리가 드린 이 감사를 다시 우리에게 돌려주십니다. 그리고 이 돌려받은 감사가 가족과 이웃이 함께 그 기쁨을 나누게 하셨습니다. 우리는 이 안에서 하나님의 끝없는 자비와 사랑을 느끼게 됩니다. 그러므로 인사를 하는 교회에는 언제나 하나님의 사랑과 은혜와 평화가 넘친다고 말할 수 있습니다.

인사에 관한 성경적 기초는 신약에서도 발견할 수 있는데 바로 예수님에게서 입니다. 예수님은 제자 열둘을 보내시며 전도할 것을 명하셨습니다(마 10:5-15). 예수님은 제자들에게 "천국이 가까이 왔다"라는 선포를 하도록 하시며 더불어 권능, 즉 병든 자를 고치며 죽은 자를 살리고, 나병 환자를 깨

끗하게 하며 귀신을 쫓아내는 권한을 주셨습니다. 하지만 이것보다 앞서 가장 중요하게 말씀하셨던 것은 마을에 들어가서 사람을 만나 그 집에 들어가면서 행해야 할 행동이었습니다. 그것은 곧 평안을 비는 인사였습니다.

우리는 어쩌면 말씀 선포와 권능을 우선시할 수 있을 것입니다. 이들이 앞설 때 사람들은 제자들을 두려워할 것이고 모든 사람이 이 제자들을 섬기려고 앞장설 것입니다. 하지만 예수님이 제자들에게 먼저 중요시했던 것은 각 집에서의 평안의 인사였습니다. 이것은 예수님께서 인사를 중요시 여기며 인사가 복음의 시작임을 보여주시고자 하심이었습니다.

이뿐만이 아닙니다. 예수님은 감사의 인사를 드리는 자를 찾는 분이셨습니다. 이것은 하나님께서 명하신 감사제와 일맥상통합니다. 예수님은 치유를 받았지만 감사드리지 않고 자신의 길을 가기에 바빴던 아홉 명의 치유 받은 나병 환자를 찾으셨습니다(눅 17:12-19). 그것은 예수님께서 예절을 중요시하는 굳은 분이시기 때문이 아닙니다. 우리가 주님께 감사드리는 삶이 가장 중요하며, 육신의 병 이상으로 더 중요한 것이 우리 주님을 만나고 그에게 감사드리며 교제의 삶을 사는 것임을 보여주시기 위함이었습니다.

그러므로 예수님께 나아와 감사의 인사를 드렸던 그 한 명만이 구원의 기쁜 소식을 들을 수 있었습니다. 인사와 우리의 신앙은 멀리 떨어진 것이 아닙니다. 그것은 하나님께서 우리에게 여러 가지 모양으로 하나님께 인사할 것을 명하시고 이 인사를 삶에서 실천할 것을 명령하셨습니다. 인사를 통해 발견할 수 있는 은혜는 어떤 것들이 있을까요? 저는 이 은혜를 이 책을 읽는 모든 분과 함께 나누기를 원합니다.

한국 교회가 새로워지기를 꿈꾸며
동탄시온교회 하근수

목
차

인사를 잊고 사는 그리스도인들

현대를 사는 많은 사람은 자신을 모든 것의 기준으로 여기고 자기중심적으로 살고 있습니다. 감성과 오래된 것을 중요시하고 있지만, 현대인들이 생각하는 진리는 모두 상대적이라고 생각합니다. 이런 생각이 갖는 가장 큰 문제는 외로움이 커진다는 것입니다. 철저하게 개인적인 삶을 살다 보니 옆에 누가 사는지 무엇을 하는지 알 수가 없습니다. 그러다 보니 현대인들은 관심에 목말라하고 있습니다. 누군가 다가와 자신에게 관심을 가져주기를 원하고 있습니다.

세상과 달라야 할 교회 역시 별반 다르지 않습니다. 열심을 다해 찬양하며 기도하고 말씀을 사모하는 신앙생활을 멈추지 않지만 세상 사람들과 유사한 외로움을 가지고 있습니다. 왜 그럴까요? 그것은 이웃을 향한 관심을 멈추고 그 관심을 자신에게만 두었기 때문입니다. 이러한 현상은 대형교회라고 다르지 않습니다. 그리스도의 사랑으로 섬겨야 할 교회가, 생명을 증거해야 할 교회가 고립되고 있습니다. 이처럼 복음에 이웃에 문을 닫은 교

또 너희가 너희 형제에게만 문안하면 남보다 더하는 것이 무엇이냐 이방

인들도 이같이 아니하느냐 (마 5:47)

이웃을 향한 관심의 문을 여는 것은 어려운 일이 아닙니다. 먼저 우리가 마음을 열고 그들을 대해 주는 것에서 출발합니다. 이웃을 향한 열린 문의 출발은 인사에서 시작됩니다. 인사란 새롭게 나타난 어려운 이론이 아닙니다. 인사는 교회가 아닌 사회에서도 사람이 갖춰야 할 가장 기본으로 여깁니다. 그것은 인사가 예의와 존중의 표시이면서도 인간관계를 맺고 발전시키는 데 가장 효과적인 수단이기 때문입니다. 사람들은 인사를 통해 친근감과 관심과 배려와 따뜻한 마음을 느낍니다. 그러므로 인사는 사람을 평가하는 기준이 되기도 합니다.

인사는 하나님의 자녀인 우리에게도 소중한 자산입니다. 그것은 인사 가운데 하나님께서 요청하신 감사와 섬김이 담겨 있기 때문입니다. 예수님은 우리가 더 낮아져 섬김으로 나아갈 것을 요청하셨습니다. 인사는 권위만 챙겼던 오래된 구시대의 낡은 폐습이 아니라 오히려 인사는 서로를 존중하며 섬김을 요구하는 현대 시대의 가장 진보된 형태입니다.

그렇다면 우리는 이러한 인사를 무엇이라고 말할 수 있겠습니까? 인사

에 대한 우리의 정의 무엇입니까? 제가 내린 정의는 이것입니다.

"인사는 관심입니다"

"인사는 정복입니다"

"인사는 나눔입니다"

"인사는 소통입니다"

"인사는 겸손입니다"

"인사는 돌봄입니다"

"인사는 최고의 리더십입니다"

"인사는 사랑입니다"

"인사는 예배입니다"

"인사는 복음입니다"

"인사는 전도입니다"

"인사는 부흥입니다"

1
인사는 관심입니다

바나바가 데리고 사도들에게 가서 그가 길에서 어떻게 주를 보았는지와 주께서 그에게 말씀하신 일과 다메섹에서 그가 어떻게 예수의 이름으로 담대히 말하였는지를 전하니라 (행 9:27)

　"인사는 관심입니다." 이 점은 아무도 부인하지 못할 것입니다. 그것은 다른 사람에게 관심이 없는 사람은 절대 인사하지 않기 때문입니다. "인사란 무엇이라고 생각하세요?"라고 물어보면 많은 사람들이 '사람의 기본'이라고 말합니다. 그것은 인사하는 것을 통해 그가 가진 인품의 기본을 알 수 있기 때문입니다. 또한, 인사는 인간관계의 기본이라고도 말할 수 있습니다. 그것은 인사 속에서 상대방에 대한 예의와 존중 그리고 친근함과 호의를 느낄 수 있기 때문입니다. 이것은 우리가 '인사'를 통해 알 수 있는 기본적인 것들입니다.

인사를 받을 때 우리는 내가 관심을 받고 있다는 사실에 감동을 받게 됩니다. 나를 알아주는 사람이 있다는 사실에 놀라기도 합니다. 이것이 바로 인사의 힘입니다. 그렇기 때문에 인사가 없는 사회는 메마름을 느낄 수밖에 없습니다. 관심을 주고받지 못하니 서로 고립되는 것입니다.

바나바를 통해 본 관심의 인사

관심의 인사가 우리의 삶에 어떤 영향을 미칠까요? 성경은 신약성경에 수많은 글을 남긴 사도 바울을 통해 보여 줍니다. 아이러니하게도 우리에게 그렇게 큰 신앙의 영향을 끼친 바울의 과거는 그렇게 아름답지 않습니다. 그는 예수님께서 승천하신 이후 예수님의 제자들과 신앙인들에게 가장 큰 해를 끼친 인물이었습니다.

변화 받기 이전의 바울, 즉 사울은 유대인이면서 길리기아 다소 출신이라는 특이한 이력을 가지고 있습니다(행 22:3). 길리기아 다소는 대륙과 해상의 교통을 연결하는 동서교통의 요충지로서 무역과 학문이 발달한 곳입니다. 사울의 부모는 로마군의 잔혹함을 피해 다소로 피난하였던 것으로 추측됩니다. 그는 혈통적으로 베냐민 지파 출신으로 엄격한 가정교육과 훈련을 받았습니다. 그가 더욱 특별했던 것은 당시 가장 유명했던 가말리엘 문하에서 수학하였다는 사실입니다. 지금 우리로 따지면 서울대나 다름없는 전통 있고 지적으로도 탁월함을 인정받는 교육 기관이었습니다. 그의 스승 가말리엘은 베냐민 출신으로 바리새파의 거두였음을 볼 때 그가 받은 율법 교육이 얼마나 철저했을지 알 수 있습니다.

사울은 당시 이단으로 여겼던 예수님을 따르는 자들을 핍박하는 데 앞장 섰습니다. 그는 스데반을 돌로 쳐 죽일 때 증인들의 옷을 담당하는 역할을 하였으며(행 7:58), 나아가 예수님의 제자들을 잡아들이는 데 앞장섰습니다(행 9:1-2). 사울에 관한 소문은 이미 그리스도인들 사이에서는 유명했습니다. 그는 그리스도인을 잡는 것이 하나님께 헌신된 일이라고 생각했습니다. 그는 어떤 양심의 가책도 없었습니다. 오직 하나님을 위한 일이라는 생각으로 모든 그리스도인을 잡아 예루살렘으로 데리고 와 죽음의 형벌을 내리기를 원했습니다. 그러므로 사람들은 사울을 두려워했고 만나기를 원하지 않았습니다.

그가 예수님을 만나 변화되었을 때도 그리스도의 사도가 되었을 때도 그를 믿어 주거나 인정해 주는 사람을 만나기 어려웠습니다. 그의 말이 거짓인지 아닌지 알 방법이 없었기 때문입니다. 막말로 그가 변화되었다고 하며 접근해서 잡아 버리면 그만이었던 것입니다. 그러니 그를 더 두려워할 수밖에 없었습니다. 그는 공포의 대상이었습니다. 자신은 변화되었다고, 이제 예수님의 제자들을 만나 교제하고 싶다고 아무리 이야기해도 도무지 그를 믿을 엄두가 나지 않았을 것입니다.

어쩌면 사울에게 있어 가장 어려운 시기는 이때였을 것입니다. 아무도 그가 그리스도인이 된 것을 그리고 예수님을 만나 변화된 것을 믿어 주지 않았기 때문에 매우 답답했을 것입니다. 이때 놀랍게 그에게 다가온 사람이 바나바였습니다. 바나바는 이미 사울에 관한 소문을 들어 익히 알고 있었지만 그는 목숨을 걸고 사울을 찾아 갔습니다. 그것은 자신이 사울에게 가장 필요한 도움이 될 수 있다는 확신 때문이었습니다. 지금 사울에게 가장 필요한 것은 누구라도 인사를 건네고 그에게 관심을 가져주는 것입니다. 바나바는 사울이 가장 필요로 하는 중요한 순간에 그에게 다가가 도움을 주기를 원했습니다. 바나바는 사울에게 아무 조건을 걸지 않았습니다. 예수님께서 가르쳐 주신대로 그에게 다가갔고 관심의 인사를 전했습니다. 그리고 사울의 말을 모두 들어주고 그의 필요에 응답했습니다.

만일 바나바가 다가가서 관심의 인사를 전하지 않았다면 사울은 끝내 예수님의 제자들과 교제를 나누지 못하고 예루살렘 교회와도 단절되었을 것입니다. 아마 자신 홀로 복음을 전한다고 애쓰다가 아무것도 하지 못하고 생을 마감했을지도 모릅니다. 하지만 예수님은 이 사울을 통해 복음이 증거 되기를 원하셨습니다.

바나바가 사울에게 다가간 것은 사실 예수님의 뜻이기도 했습니다. 아마 성령님께서 바나바의 좋은 성품을 움직이셔서 그로 하여금 두려운 사울에게 관심의 인사를 전하게 하셨을 것입니다.

관심의 인사로 찾아간 바나바로 인하여 사울은 놀라운 반전을 맞게 됩니다. 바나바의 중재로 드디어 사람들이 사울의 변화를 믿게 되었습니다. 그가 그리스도께 헌신되어 있으며 복음을 위해 죽기를 각오하고 있다는 사실이 전해지게 되었던 것입니다. 드디어 사울은 예수님의 제자들에게 받아들여졌고 예루살렘 교회의 핵심 맴버가 될 수 있었습니다. 이 모두가 관심의 인사로 다가간 바나바를 통한 기적이었습니다.

이웃을 향한 관심의 인사

이와 같은 인사는 오늘날 믿음 생활을 하는 우리에게도 동일하게 적용됩니다. 인사는 관심에서 출발합니다. 우리가 다른 사람들에게 인사를 한다는 것은 관심을 표현하는 것과 동일합니다. 인사를 통해 그의 안부를 묻고 어떤 하루를 보냈는지 궁금해 합니다. 그의 고민이 무엇인지, 그의 필요가 무엇인지 묻습니다. 그리고 그를 위해 진정으로 기도하며, 필요한 도움을 줍니다. 이것보다 아름다운 그리스도인의 삶이 어디 있겠습니까? 인사는 막혀있었던 마음의 문을 열어 주는 놀라운 기적을 선사합니다. 그렇게 돌처럼 굳어 있던 마음도, 이웃을 믿지 못하고 불신의 눈을 보였던 그 많은 사람들도 '안녕하세요'라는 단 한마디의 인사에 녹아 버리고 맙니다.

우리는 누구 하나 이웃에게 관심을 주는 사람이 없는 각박한 세상을 살아갑니다. 아무리 이웃이 아프고 배고파도 돌아보지 않습니다. 그리스도인들이 왜 세상 사람들에게 손가락질을 당하게 되었습니까? 그것은 이웃을 돌아보는 관심을 모두 버렸기 때문입니다. 우리가 인사를 통해 그리스도의 관심을 나타내야 합니다.

십계명의 핵심인 이웃 사랑의 실천 : 인사

예수님께서는 십계명 중 첫째가 무엇이냐는 서기관의 질문에 이렇게 대답하셨습니다.

> 예수께서 대답하시되 첫째는 이것이니 이스라엘아 들으라 주 곧 우리 하나님은 유일한 주시라 네 마음을 다하고 목숨을 다하고 뜻을 다하고 힘을 다하여 주 너의 하나님을 사랑하라 하신 것이요 둘째는 이것이니 네 이웃을 네 자신과 같이 사랑하라 하신 것이라 이보다 더 큰 계명이 없느니라(막 12:29-31)

예수님은 십계명의 핵심을 하나님 사랑, 이웃 사랑 두 가지로 말씀하셨습니다. 이것은 하나님을 사랑하는 그리스도인들이 갖춰야 할 기본을 보여줍니다. 그것은 바로 하나님 사랑과 이웃 사랑입니다. 하나님을 사랑한다고 말하는 사람은 이와 동일하게 이웃을 사랑하는 모습을 갖춰야 하는 것입니다. 이러한 이웃을 사랑하는 모습은 바로 관심에서 출발합니다.

많은 명언을 남긴 '로렌스'(Lawrence Gould)는 이렇게 말했습니다.

"남이 당신에게 관심을 갖게 하고 싶거든, 당신 자신의 눈과 귀를 닫지만 말고 다른 사람에게 관심을 표시하라. 이 점을 이해하지 않으면, 아무리 재간이 있고 능력이 있더라도 남과 사이좋게 지내기는 불가능하다."

이것은 관심이란 받으려고 노력해서 얻을 수 있는 것이 아닌 오히려 다른 사람에게 주어야 하는 것임을 나타냅니다. 우리가 관심을 주지 않으면 결코 이웃과 화목하게 지내는 것은 불가능합니다. 자신만을 생각하는 사람이 이웃과 결코 화목하게 지낼 수 없는 것과 동일한 이치입니다. 이러한 교훈은 예수님의 말씀을 한 번 더 깊이 생각하게 합니다. 그것은 이웃을 자신과 같이 사랑하라는 것에 관심을 연결하게 되면, 자신을 향한 관심과 이웃을 향한 관심이 같아야 한다는 의미로도 볼 수 있기 때문입니다.

우리가 이웃을 향한 사랑을 위해 관심을 표시하며 인사할 때 우리의 작은 인사는 예수님의 사랑을 전하는 도구가 됩니다. 이 인사를 통해 따뜻한 그리스도의 관심을 느낄 수 있게 됩니다. 나를 궁금해 하는 사람, 나의 안부를 묻는 사람에게 어떻게 사랑의 호의를 보이지 않을 수 있을까요? 이웃에 관한 관심을 차단한 채 전도만을 외친다는 것은 믿지 않는 사람들의 눈으로 볼 때 모순으로밖에 보이지 않습니다. 나에게 관심이 없는 사람이 내 영혼을 위해 예수님을 소개한다는 것은 믿을 수 없는 이상한 행동입니다. 그 사람에 관한 관심 없이 끌어들이려고만 한다면 누가 봐도 이것은 다른 이익을 얻기 위한 속임수라고 생각할 것입니다.

우리는 먼저 인사를 통해 사람들을 향한 우리의 관심을 나타내야 합니다. 우리가 그들의 삶을 궁금해 하며, 그들의 외로움에 마음을 두고 있다는 사실을 보여 주어야 합니다.

전도란 예수님을 믿지 않는 사람을 단순히 교회로 끌어오는 것이 아닙니다. 그들의 삶에 관심을 갖고 바라보며 그들이 진정으로 교회와 성도와 하나가 될 수 있도록 연결점이 되어 주는 것입니다. 이 일을 가능하게 하는 것이 바로 인사입니다.

바나바의 인품 : 관심의 인사

제가 언제나 강조하는 것은 바나바의 인품입니다. 그는 자신의 신분과 지위에 관심을 두지 않았습니다. 자신에게 어떤 유익이 있는지, 믿을 만한 사람인지 계산하지 않았습니다. 바나바는 모든 것을 버리고 예수님과 같은 마음을 품고 먼저 찾아가 인사를 나눔으로 관심을 표현한 것입니다. 바나바는 열린 마음으로 사울의 말을 들어주었고, 그를 품어 주었습니다. 그는 자신의 모든 수고를 힘들어 하지 않았습니다. 오히려 자신의 수고가 복음의 진보를 위한 귀한 것으로 여기며 기쁨으로 자신의 역할을 감당했던 것입니다.

바나바의 관심은 바울이 믿음을 줄 수 있는 사람이라는 사실을 전할 수 있는 결정적인 역할을 하였습니다. 이 사건을 통해 사울은 제자들에게 신뢰를 얻어 예루살렘 교회의 일원이 될 수 있었고, 나아가 제자들과 함께 예수 그리스도를 힘 있게 전파하는 교회의 핵심이 되었습니다.

사울의 수고 가운데 복음은 더욱 멀리 퍼질 수 있게 되었던 것입니다. 사울, 즉 사도 바울은 복음을 전하고 변론하는 가장 중요한 핵심이 되었습니다. 이제 복음전파에서 바울을 빼놓고 복음을 설명하는 것은 불가능합니다. 이러한 놀라운 이적의 출발점은 무엇이었습니까? 그것은 바나바가 가졌던 인사, 바로 작은 관심이었습니다.

이제 우리도 바나바와 같은 관심을 이웃에게 나눠 주어야 합니다. 나만 생각하는 닫힌 생각을 버려야 합니다. 세상은 다른 사람들에게 마음을 여는 것이 두려운 일이라고 가르칩니다. 집의 문을 굳건히 걸어 잠그고 마음의 문을 닫으라고 말합니다. 마음을 열고 인사하는 일은 가장 어리석은 것이라고 말합니다. 더 이상 상처받지 말라고 말합니다. 하지만 예수님은 우리를 향해 하나님을 사랑하는 것처럼 네 이웃을 네 몸과 같이 사랑하라고 말씀하십니다.

때론 이웃으로 인해 상처를 받을 수도 있습니다. 때론 잠 못 드는 밤이 있을 수도 있습니다. 그럼에도 불구하고 우리가 이웃을 향한 인사, 관심을 놓을 수 없는 것은 우리를 관심 갖고 바라보시는 하나님의 사랑이 있기 때문입니다. 하나님은 우리를 향한 관심을 늦추지 않으셨습니다. 때론 하나님의 관심을 부담스러워하며 죄악의 길을 가고자 할 때도 하나님은 끝까지 우리를 사랑하셨습니다. 우리를 위해 독생하신 예수 그리스도를 보내셔서 우리로 하여금 새 생명을 얻고 구원을 소유하도록 하셨습니다.

이렇게 하나님께 말할 수 없는 사랑을 받았기에 우리는 예수님의 명령을 따라 담대하게 이웃에게 그리스도의 관심의 인사를 전할 수 있는 것입니다.

저는 담대하게 말할 수 있습니다. "인사는 관심입니다." 비록 우리의 관심이 남들이 볼 때는 위험한 낭비라고 말할지 모르지만 우리의 관심의 인사는 우리 이웃들에게 그리스도의 풍성한 사랑을 얻을 수 있는 기회를 제공하는 생명이 될 것입니다.

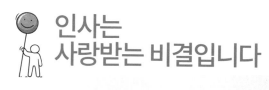

인사는
사랑받는 비결입니다

"인사만 잘해도 먹고는 산다"는 우리 교인이라면 인사를 통해서 먹이고 입히시는 주님을 경험했을 것입니다. 인사만 잘하면 전도도 쉽습니다.

이사 온 후 엘리베이터에서 생긴 일입니다.

평소처럼 해처럼 빛나는 미소로 "안녕하세요" 한마디 하고 내렸습니다.

그곳에는 9층 아기 엄마와 그분의 시어머니가 함께 타고 계셨는데 제가 내리자마자 그 시어머니께서 이렇게 말씀하셨다고 합니다.

"저 사람 얼굴에서 빛이 난다. 저 사람이랑 친하게 지내." 그래서 9층 아기 엄마가 저에게 전화번호를 알려 달라고 하여 자연스럽게 전도로 이어졌습니다.

이처럼 밝은 얼굴로 인사만 해도 관계가 성립되고 전도로 쉽게 이어지는 경우가 종종 있습니다. 해처럼 빛나는 얼굴을 보여 줄 수 없다면 해처럼 밝은 목소리로도 인사하면 전도할 수 있습니다! 집 앞에 전도대에 먼지를 닦으며 혼잣말로 기도 중이었습니다.

"하나님 제가 이렇게 씨를 뿌리는데 열매가 있는지 없는지 모르겠어요."

그때 분양사무실에서 전화가 걸려 왔습니다. 평소엔 관심 없다고 바쁘다고 하며 금세 전화를 끊어 버리는데 그날은 그분이 한번 나와서 상담만 해도 프라이팬도 주고 명품가방도 준다고 나오라고 강요하는 말에 저도 모르게 이렇게 말했습니다.

"명품가방, 프라이팬 저는 관심 없고 예수님만 관심 있어요. 교회에 한번 나오신다면 저의 금 같은 시간을 내어서 한 번 나가 볼 생각은 있어요."

진짜 거짓말처럼 그분이 친구까지 데리고 나왔습니다. 이렇게 한마디의 인사로 인해 전도의 문이 열리고 또한 제 삶 속에 얼마나 많은 은혜를 주시는지!

제가 헌신하고 있는 화요중보기도는 대부분 권사님들이 나오십니다. 전예배에 늘 예쁘게 하고 일찍 나가서 불을 켜고 음향을 켜고 다과를 준비하며 권사님들을 인사로 맞이합니다. 딱 그것뿐인데 몇 년째 권사님들의 무한한 사랑을 받고 있으며 친정엄마가 너무나도 많아져서 화요중보기도가 너무너무 좋습니다. 권사님들이 반찬도 만들어 주시고 고기도 사주시고 심지어 용돈도 주시고 예쁜 옷까지 주십니다.

이 모든 것이 부족하지만 해처럼 밝게 인사한 것이 만들어 낸 인사의 기

적입니다. 이런 인사의 기적을 더 많은 사람이 느끼고 경험했으면 좋겠습
니다.

양혜원 집사

인사는 사랑받는 비결입니다

저의 삶이야말로 인사를 통해 먹고사는 인생이라고 할 수 있습니다. 제 삶을 바꾼 중요한 인사는 바로 담임목사님과의 인사였습니다. 목사님과의 첫 번째 만남의 인사는 1995년 수원남부경찰서에서였습니다. 저는 그때 전경으로 근무하고 있었습니다. 믿음의 동료들과 신우회를 조직하여 봉사하던 중 목사님께서 경목위원으로 오셔서 인사를 나누었습니다. 저는 그때 이 인사가 저에게 그렇게 큰 변화를 가져올 줄 몰랐습니다.

목사님과의 두 번째 만남의 인사는 2001년 협성신학대학원에서였습니다. 당시 목사님은 목회실습 강사로 오셨습니다. 이 두 번째 만남의 인사로 저는 목사님께 목회 훈련을 철저하게 받을 수 있었습니다. 저는 이때 목사님께 받은 은혜를 잊지 못합니다.

그 후 세 번째 만남의 인사는 2017년 1월 저에게 큰 위기가 왔을 때였습니다. 당시 저는 목회 사역에 큰 회의감을 느끼고 있었습니다. 목회를 포기하고 싶을 정도의 절망적 상황이 저에게 다가왔습니다. 저는 이때 제일 먼저 목사님을 떠올렸습니다. 그것은 앞서 가졌던 두 번의 만남의 인사가 저에게 주었던 강력한 인상 때문이었습니다. 목사님께 인사드리고 고민을 말씀을 드리면 목회의 새로운 소명을 얻을 수가 있을 것 같았습니다. 저는 주저하지 않고 목사님을 찾아가 세 번째 만남의 인사를 하게 되었습니다. 목사님은 저에게 따뜻한 인사로 맞아 주셨고 제 고민을 들어주셨습니다. 그뿐만이 아니라 목사님은 저에게 부목사로서 헌신할 기회를 주셨습니다. 저는 그동안 너무 배우고 싶었던 담임목사님 아래에서 너무 행복하게 목회 훈련을 받고 있습니다. 저야말로 인사로 먹고사는 인생이 되었습니다. 저에게 이러한 귀한 은혜를 주신 하나님께 영광을 돌립니다.

한호경 목사
(동탄시온교회 부목사)

2
인사는 정복입니다

네 생각에는 이 세 사람 중에 누가 강도 만난 자의 이웃이 되겠느냐 이르되
자비를 베푼 자니이다 예수께서 이르시되 가서 너도 이와 같이 하라 하시니
라 (눅 10:36-37)

제가 성도님들에게 자주 강조하는 표현은 바로 '인사는 정복이다'입니다.

"이 집사님 인사는 정복입니다. 먼저 가셔서 인사하세요."

"김 집사님 인사는 정복입니다. 우리가 가만히 있어서는 안 됩니다."

저의 이 말을 듣고 이해가 되지 않는다고 어리둥절한 분들도 계십니다.

"어떻게 목사님은 어울리지 않게 인사는 정복이라고 말씀하실 수 있죠?"
라고 저에게 반문할지 모릅니다. 그것은 인사와 정복이 맞는 코드가 아니
기 때문입니다. 어쩌면 이 둘을 같이 언급하는 저를 향해 말도 안 된다고 하
실 수 있습니다. 맞습니다.

연결할 수 없는 접촉점 인사와 정복

어떻게 인사와 정복을 하나라고 할 수 있을까요? 인사는 다른 이들을 위한 예절을 표현하는 것이요, 정복은 남의 것을 빼앗는 거친 행동입니다. 이 둘은 결코 하나로 엮어 말할 수 없습니다.

하지만 이 둘을 행동에만 집중하게 되면 두 단어에서 밀접한 공통점을 발견할 수 있습니다. 그것은 바로 적극적으로 수행하는 행동, 즉 '한다'라는 동사입니다. 사람들은 자신이 먼저 예를 갖춤을 보여주기 위해 적극적으로 먼저 인사를 '한다'라고 말합니다. 또한 자신의 것을 만들기 위해 앞서 나아가는 것을 우리는 정복 '한다'라고 말합니다. 이 둘 사이의 공통점이 보이십니까? 그렇습니다. 이 둘의 공통점은 바로 적극성과 실행성입니다.

제가 이 둘을 하나로 표현하고자 했던 이유는 인사를 자신이 먼저 나서서 실행하기를 원했기 때문입니다. 우리는 인사를 부끄러움과 두려움의 대상으로 여깁니다. 때로는 먼저 시행할 수 없는 자존심 문제로 만들어 버리기도 합니다. 그러므로 우리는 인사에 과감한 시행을 포함하는 행함을 강조해야 합니다. 이것이 바로 정복과 이어지는 연결점이 됩니다. 우리는 이전에 가지고 있었던 타성을 버려야 합니다. 나만을 생각하고 권위와 직분, 신분과 나이를 앞세우는 죄성을 버려야 합니다. 부끄러움과 두려움을 그리고 자존심을 과감히 버려야 합니다. 그러므로 저는 거친 성을 정복하는 위대한 전사와 같이 달려가 인사할 것을 요청하는 것입니다.

정복의 인사 : 선한 사마리아인

정복의 인사는 예수님께서 이웃을 물어보는 율법교사를 향한 가르침에서 볼 수 있습니다. 예수님은 이야기를 시작하면서 예루살렘에서 여리고로 내려가는 어떤 사람을 예로 시작합니다. 예루살렘에서 여리고로 가는 길은 험해서 많은 주의를 필요로 하는 길이었습니다. 사람들은 무리를 지어 움직였으며, 사람의 움직임이 없는 시간대에는 지나가지 않았습니다. 그것을 보면 이 사람은 함께할 만한 사람을 구하지 못했던 것 같습니다. 홀로 여행 다니는 사람은 오늘날도 그렇듯이 당시 강도들이 노리는 가장 좋은 먹잇감입니다. 그것은 홀로 수많은 도둑의 공격을 방어할 수 없기 때문입니다.

그는 수많은 강도떼를 만나자 어떻게도 저항할 수 없는 상태에 이르게 됩니다. 강도들은 그가 가진 모든 제물을 빼앗았습니다. 그뿐 아니라 신체적으로 큰 해를 입혔습니다. 아마 다른 도움을 청하러 가지 못하게 하기 위함이었을 것입니다. 하지만 너무 큰 해를 당한 그는 곧 생명의 위험에까지 처하게 되었습니다. 그냥 두면 죽을 것이 분명합니다.

이때 큰 해를 입은 그 사람 주위를 지나가는 여러 사람이 나타납니다.

먼저는 제사장입니다. 그는 하나님의 거룩한 일을 하는 분이라 기대해 볼 만한 경건한 사람이었습니다. 그는 늘 하나님 성전에 있었으며 하나님을 가까이 섬기고 늘 기도하니 그보다 더 적합한 사람이 어디 있겠습니까? 마음에는 하나님의 말씀이 가득했을 것이고 하나님께서 실천하라고 하신 하나님의 자비로 충만해 있었을 것입니다.

하지만 그는 피를 흘리며 거의 죽어가는 그 사람을 모른 척하고 지나갔습니다. 그것은 생명을 살리는 자신의 사명보다 자신의 직분을 더 염려했기 때문입니다. 만일 그가 죽어 가는 자의 피를 자신의 손에 묻히게 되면 그는 분명히 정결에 문제가 생겨 지금까지 감당했던 제사에서 한동안 빠져야 하는 불이익을 당해야 했을 것입니다. 그렇게 되면 그는 몇 주간을 정결을 위해 지내야 합니다.

시간적으로도 그렇고 그가 감당해야 하는 수고도 힘들었을 것입니다. 그리고 경제적으로도 타격을 입을 것입니다. 아픈 사람을 위해 비용을 지불해야 했을 것이고, 제사에 빠짐으로 그가 얻을 수 있는 이득에서 제외될 것이 분명했습니다. 당시 제사장들은 제사를 통해 음식, 즉 고기와 빵을 얻을 수 있었습니다. 지금 잠시 눈 감고 지나가면 그는 경제적 이익과 직분의 권리를 유지할 수 있었습니다. 그는 결국 자신의 이익을 선택합니다.

다음으로 레위인이 다가왔습니다. 레위인은 제사장 정도는 아니지만 그래도 성전에서 많은 일을 담당하고 있었습니다. 일반 사람들보다 자비를 베풀어 줄 가능성을 이들에게서 찾을 수 있었습니다. 하지만 그 역시 지나치고 맙니다. 그도 정결을 잃었을 때 얻게 될 불이익과 그를 구했을 때 감당해야 할 물적인 비용과 시간적 낭비를 계산합니다.

그도 자신의 신앙 양심을 잠시 넣어 두기로 결정합니다. 잠시만 눈 질끈 감고 지나가면 그에게는 평안함이 있게 될 것입니다.

이후에 기대하지 않았던 사람이 등장합니다. 사마리아 사람이었습니다. 그는 이방 사람이었기 때문에 민족적으로, 신앙적으로 기대할 수 있는 사람은 아닙니다. 이스라엘 사람들은 사마리아 사람들을 사람 취급도 하지 않았습니다. 그들과 마주치려고도 하지 않았고 혹여 마주치게 된다 하더라도 결코 그들과는 인사를 나누지 않았습니다.

사마리아 사람들은 이스라엘 사람들에게 완전히 관심 밖의 사람이었습니다. 게다가 그는 신앙적으로도 동일하다고 할 수 없었습니다. 그는 하나님께 예배드리기 위해 예루살렘을 방문했던 것이 아닌 여행을 하던 중이었습니다. 그가 과연 어떤 신앙을 가지고 있었는지 예수님은 설명하지 않습니다. 어쩌면 그는 하나님을 전혀 믿지 않는 사람일 수도 있습니다. 어떻게 그런 사람이 다른 사람의 생명을 위해 수고하고 애쓸 수 있을까요?

하지만 예수님은 그가 많은 물질과 수고와 시간이 들어가는 구조에 힘을 썼다고 말씀하셨습니다. 상상할 수도 없는 일입니다. 만약 그는 그냥 지나가도 비난을 받지 않았을 것입니다. 이방인이 이스라엘을 위해 자비를 베푼다는 사실은 상상하기도 싫은 일입니다. 어차피 이방인은 구원에서 제외

될 정도로 악한 사람이라고 생각하고 있었는데 그냥 지나는 악을 더한다고 달라지는 것은 없습니다. 하지만 그는 그렇게 하지 않았습니다.

그는 자신의 물질과 수고를 생명을 구하는 데 모두 사용하는 것을 아까워하지 않았습니다. 그를 구조하느라 자신의 여행 일정이 제대로 지켜지지 못하고, 수많은 경비의 사용으로 여행이 중단될 수 있는 위기를 겪을 수도 있었지만, 그는 개의치 않았습니다. 심지어 그는 죽어가는 사람의 피가 자신의 몸과 옷에 묻어 몸도 더러워지고 옷도 버리게 될 수도 있었습니다. 하지만 그는 상관하지 않았습니다. 그는 자신의 상비약이었던 기름과 소중한 음료였던 포도주를 상처 치료를 위해 모두 사용했습니다. 그리고 그를 주막에 맡기고 숙박비와 치료비를 지불합니다. 그리고 혹시 비용이 부족하여 그를 소홀히 다룰까 봐 후에 다시 와서 부족한 비용을 더 줄 수 있음을 확인시킴으로 여관주인을 안심시켰습니다.

이와 같이 하라

예수님은 왜 이런 예화를 드셨을까요? 핵심은 마지막에 있습니다. 예수님은 이 예화를 드시며 율법사에게 묻습니다.

"네 생각에는 이 세 사람 중에 누가 강도 만난 자의 이웃이 되겠느냐?"

율법사는 자비를 베푼 자라고 대답할 수밖에 없었습니다. 이 대답은 누

구에게 물어봐도 동일할 것입니다. 여기에서 중요한 강조가 나타납니다. 그것은 바로

"너도 이와 같이 하라"라는 예수님의 말씀입니다.

이 예화의 초점은 바로 행함입니다. 도와줄까 말까 고민만 하지 말고, 계산만 하지 말고 먼저 가서 행하라는 것입니다. 그러면 그가 누구이든 그 사람은 그의 이웃이 됩니다. 이렇게 도움을 준 사람은 또한 어려운 사람의 이웃, 하나님 백성으로 불리게 됩니다.

제가 "인사는 정복이다"라고 말하는 이유가 여기에 있습니다.

우리는 인사를 한다고 말하면서 실제 행동으로 시행하지 않습니다. 각자 모두의 타당한 이유를 가지고 있습니다. 다른 이웃들과 엮이기 싫고, 그들의 사정을 알게 되면 도와야 하는 불필요한 일을 겪을 수도 있습니다. 혹시나 이웃이 우리에게 해를 끼칠 수도 있습니다. 그냥 그리스도인들끼리, 경건한 사람들끼리 잘 모여 살면 아무 문제가 없는데 믿지 않는 자들, 도무지 신뢰가 가지 않는 다른 사람들과 이웃이라 불리며 어울려 사는 것이 부담스럽습니다. 하지만 예수님은 바로 실천을 명하셨습니다.

너희들도 돌아가서 이를 행하라는 것입니다. 이것이 바로 인사는 정복이라는 문구의 실천입니다.

정복하라!

'정복'이란 단어는 이스라엘과 분리될 수 없는 단어입니다. 하나님은 이스라엘에게 가나안 땅을 정복하라고 명령하셨습니다. 이때는 이스라엘이 430년간 애굽에서 종살이를 하다가 하나님의 은혜로 해방되고 광야로 나갔을 때였습니다. 비록 이스라엘이 애굽에서 해방되었다고 하나 그들은 가지고 있었던 것이 아무것도 없었습니다. 그들은 전쟁을 해본 적도 없었으며, 체계적인 군인도 무기도 없었습니다. 그들은 인구만 많았지 오합지졸이었습니다. 그들은 오랫동안 종살이를 해왔기 때문에 민족적인 자존심이나 전쟁을 위한 패기도 찾아볼 수 없었습니다. 그러므로 그들에게 전쟁은 무조건 두려운 것이었습니다. 남들이 볼 땐 감당할 만한 싸움도 그들에게는 그렇지 않았습니다. 하지만 하나님은 그들에게 가나안 땅을 정복하라고 명령하셨습니다.

하나님의 명령을 무조건 무자비한 명령이라고만 할 수 없습니다. 가나안 땅의 점령은 그들에게 새로운 땅의 정착을 위한 필수였습니다. 하나님은 그들에게 감당할 수 없는 명령을 주시지 않았습니다. 이 전쟁은 싸울 필요도 없는 전쟁이었습니다. 단지 하나님의 명령에 따라 앞으로 나아가기만 하면 되는 것입니다. 하나님은 광야를 통해 그들을 불 기둥과 구름 기둥으로 보호하시며, 만나를 먹이셨습니다. 그리고 하나님은 홍해를 건너게 하시고 강력한 전차를 가진 당시 최고의 군사력을 가졌던 애굽 군을 수장시킴으로 한 번에 물리쳐 주셨습니다. 이것만 봐도 하나님께서 얼마나 이스라엘을 사랑하시는지, 그리고 얼마나 강력하게 보호하시는지 알 수 있었을 것입니다. 하지만 그들은 여전히 두려워했습니다.

그들은 하나님께서 주시는 가나안 땅을 정탐할 것을 요청하고 모세의 허락 아래 각 지파별로 선발된 대표를 보내 가나안 땅을 탐지하였습니다. 여호수아와 갈렙을 제외하고 나머지 정탐꾼들은 하나님께 주실 것이라는 그 은혜를 품지 않고 오히려 불가능한 상황만을 나열함으로 모든 백성을 절망하게 하였습니다. 백성들은 두려움에 떨며 이제 더 이상 하나님의 명령을 따라 나가기를 거절합니다.

여호수아와 갈렙은 백성들에게 간절히 말했습니다.

여호와께서 우리를 기뻐하시면 우리를 그 땅으로 인도하여 들이시고 그 땅을 우리에게 주시리라 이는 과연 젖과 꿀이 흐르는 땅이니라 다만 여호와를 거역하지는 말라 또 그 땅 백성을 두려워하지 말라 그들은 우리의 먹이라 그들의 보호자는 그들에게서 떠났고 여호와는 우리와 함께 하시느니라 그들을 두려워하지 말라(민 14:8-9)

백성들은 여호수아와 갈렙의 말 듣기를 거절하고 오히려 그들을 돌로 치려고 하였습니다. 왜 이스라엘 백성들은 가나안 땅을 정복하라는 하나님의 명령을 듣기를 거절했을까요? 그것은 바로 눈앞의 현상을 보았기 때문입니다. 가나안 땅의 거주민을 보았고, 요새화된 강력한 성들을 보았습니다. 그리고 말도 안 되게 강력한 거인족이었던 아낙자손을 보았던 것입니다.

그들은 바로 낙담하였습니다. 그들의 전쟁은 질 것이 뻔하다고 생각했습니다. 아무것도 없는 자신들은 결코 이길 수 없다고 생각했습니다. 분명 하나님께서 지금까지 함께하셨고 하나님께서 승리를 주셨으며 먹이시고 돌보셨는데 모든 것을 잊어버렸습니다.

그들은 밤새 울며 반항했습니다. 그들은 하나님을 원망하였습니다. 심지어 하나님을 자신들을 죽이기 위해 애굽에서 끌고 오신 악한 분으로까지 폄하하였습니다. 그들은 하나님의 명령을 따라 정복하자는 여호수아와 갈렙까지 죽이려 들었습니다. 하나님은 그들을 그냥 둘 수 없었습니다.

모세의 중보기도가 아니었으면 이스라엘 백성들은 하나도 남지 못했을 것입니다. 하나님은 정탐꾼들이 정탐한 40일을 기준으로 40년간을 광야에서 방황하게 하셨습니다. 그리고 반항했던 당시 20세 이상은 가나안 땅에 들어갈 수 없게 하셨습니다. 이것은 죄를 죽이며 하나님 명령을 순종하도록 하는 하나님의 훈련이요 연단이었습니다.

그들은 광야에서 옛 자아들을 죽이며 순종의 사람으로 바뀌었습니다. 그들은 40년의 광야 훈련을 마쳤을 때에 비로소 가나안 정복을 위해 나아갈 수 있게 되었습니다.

"인사는 정복입니다." 만일 우리가 하나님의 명령을 거절하며 두려움 가운데 온갖 핑계를 댄다면 하나님은 분명히 우리를 훈련하실 것입니다. 광야에서 40년간 이스라엘을 강력하게 훈련하셨듯이 우리로 하여금 거친 세상에서 정복의 발걸음을 내디딜 수 있도록 하실 것입니다.

아직도 두려워하십니까? 예수님의 말씀을 기억하십시오. 예수님은 우리에게 "너도 그와 같이 하라"고 말씀하셨습니다.

두려워하지 마십시오. 담대하게 나가서 인사하십시오. 정복하십시오.

정복 인사의 기적

저에게도 인사가 힘들었을 때가 있었습니다. 교회 주변 여러 곳을 다니며 인사를 했습니다. 사람들은 저를 의심하고 저의 인사를 도무지 받으려 하지 않았습니다. 관공서를 찾아다녔고 상가들을 다녔습니다. 그때 저에게 가장 큰 어려움을 준 곳은 산부인과였습니다.

당시 새롭게 건축한 건물에 들어간 산부인과였기에 모든 시설이며 환경이 너무 좋았습니다. 저는 그곳에 인사하기 위해 찾아갔습니다. 그런데 예상외로 그들은 저를 물건을 팔러 온 상인으로 취급하여, 저에게 무안을 주고 쫓아냈습니다. 하지만 저는 인사를 정복이라고 생각했습니다. 전쟁에서 싸우는 군인은 한 번에 성을 점령하지 못했다고 실망하지 않습니다. 한 번 공격에 실패하면 전열을 가다듬어 다시 쳐들어가면 됩니다. 그것이 바로 정복 전쟁에 나선 군인의 마음가짐입니다.

'정복'은 실패를 두려워하지 않는 적극성입니다. 계속 나아가는 것, 어떤 좌절도 허용하지 않는 것입니다. 저의 이러한 마음은 저를 언제나 강건하게 하였습니다. 창피해하거나 움츠러들기는커녕 오히려 더 당당하게 다음에 갈 것을 다짐했습니다.

사실 그 산부인과 원장님의 처지를 이해하지 못하는 것은 아닙니다. 그분도 매우 당황스러웠을 것입니다. 환자도 아닌 낯선 사람이 갑자기 와서 인사라뇨. 아무도 다른 사람에게 관심을 주지 않는 이 시대에 관심을 표현하는 낯선 사람이 어떻게 호의적으로 보일 수 있을까요? 하지만 저의 무모한 인사의 행동은 그에게 강렬한 인상을 심어 줄 수 있게 되었습니다. 이것이 그분과 저의 첫인사의 경험이었습니다.

얼마 후에 초등학교 교사였던 제 아내가 임신하였습니다. 하지만 유산기가 있어 몸을 잘 조리해야 했습니다. 직장에도 나갈 수가 없었습니다. 저는 주저하지 않고 저의 인사를 거절했던 산부인과를 찾아가 원장님께 도움을 요청했습니다. 산부인과 원장님은 앞서 있었던 사건이 미안하셨던지 정말 진심으로 대해 주셨습니다.

상담을 친절하게 해주셨을 뿐 아니라 전화로도 물으라고 하시고, 전화를 통해서도 친절하게 상담해 주셨습니다. 그분 덕분에 저희는 무사히 둘째 아이를 출산할 수 있었습니다. 상대방이 내 인사를 받지 않더라도 우리는 우리가 할 도리를 하면 됩니다. 실패를 두려워해서는 안 됩니다. 오히려 실패는 그분에게 강렬한 인상을 남겨 후일에 더 긴밀한 관계를 맺는 초석이 되기도 합니다.

하나님의 우리를 향한 명령을 기억하십시오. 이웃을 향해 나아가십시오. 두려워하지 마십시오. 담대하십시오. 그에게 주님의 인사를 전하십시오. 주님은 우리와 함께하심으로 우리의 인사가 허무하게 사라지지 않게 하실 것입니다.

"인사는 정복입니다!"

연결고리가 되어 준 인사

우리 회사는 외국인을 포함해서 20여 명이 함께 일하는 조그만 개인 업체입니다. 제가 처음 입사했을 때는 사장님이 젊으셔서 사장님과 같이 일을 했는데 세월이 지나면서 사장님은 한 발 물러나시고 자녀들이 회사를 운영하였습니다.

사장님 자녀들이 처음 회사에 왔을 때 아무것도 몰라 저희가 일을 가르쳤습니다. 몇 년이 지나 상무 직함을 맡고 나니 그때부터 어른을 봐도 인사를 하지 않았습니다. 정말 당황스러웠습니다. 저는 버릇없다고 야단을 칠 수도, 그렇다고 같이 인사도 안하고 어색하게 지낼 수 없어 고민이 되었습니다. 이때 목사님 말씀이 기억났습니다.

"인사만 잘해도 먹고는 산다. 인사는 정복하는 것이다."

다음날 저는 용기를 내서 상무님이 출근하시는데 앞에 가서 고개를 숙여 "상무님 출근하십니까?"라고 인사를 드렸습니다. 그러자 상무님은 많이 놀라시는 눈치였습니다.

다음날부터는 제가 인사를 하려고 다가가면 상무가 먼저 인사를 하셨습니다.

할렐루야! 지금은 어색함 없이 서로 인사 잘하고 지냅니다. 인사는 또 하나의 용기인 것 같습니다.

저는 용인 쪽에서 건축폐기물 처리 업체에서 일하고 있습니다. 저는 따로 운동할 시간이 없어서 점심시간을 이용해서 매일 등산을 합니다. 우리 교회가 동탄으로 이사한 지 얼마 안 되었을 때 이야기입니다. 그날도 점심을 먹고 산에 올랐다가 어떤 자매님을 만나서 인사를 하게 되었습니다. 저는 복음을 전하기 위해

"자매님! 혹시 교회 다니세요?"라고 물었습니다. 그랬더니

"예! 저는 동탄시온교회를 섬기고 있어요."라고 하는 것이었습니다. 저는 깜짝 놀라서

"저도 동탄시온교회 성도입니다."라고 인사를 하였습니다. 그러고 나서

"그럼 섬기시는 사역 있나요?"라고 물었더니

"예! 3부 시온성가대를 섬기고 있어요."라고 하는 것이 아니겠습니까? 저는 또 놀라서

"어! 저도 시온성가대를 섬기고 있는데요."라고 말하고 한바탕 웃었습니다.

저는 나름대로 인사를 많이 한다고 생각하고 있었는데 같은 성가대를 섬기면서 이름은커녕 얼굴도 모르고 지냈다는 게 너무 창피하고 부끄러웠습니다. 인사를 더 열심히 해야겠습니다.

김우경 장로

인사는
그리스도의 향기입니다!

애들을 키워 놓고 학원비라도 보탤까 하여 시립어린이집에 보조 선생님으로 취업을 했습니다.

업무도 많고 무겁게 침체되어 보이는 어린이집 분위기를 느끼며 평소 목사님의 말씀인 '인사만 잘해도 먹고는 산다'라는 말씀을 실천해 보고자 출근해서는 물론이고 바쁘게 업무를 진행하는 중에 부딪히며 만나는 선생님들께도 열심히 웃으며 몇 번이고 인사를 했습니다.

가끔은 쉴 새 없이 인사하는 모습에 "왜 저래?" 하는 시선도 느껴졌지만 굴하지 않고 한결같은 인사와 미소에 힘썼습니다.

그러던 중 하루는 원장님이 이렇게 말씀하셨습니다.

"김진숙 선생님은 웃으면서 인사를 잘하니 아이들을 환한 미소로 맞이해 주세요."

그래서 저는 131명의 원아를 맞이하는 업무를 하게 되었습니다.

가끔은 웃으며 인사하느라 얼굴에 경련이 날 것 같은 날도 있지만 "그리스도의 향기, 그래도 웃어 보세요." 하는 목사님 말씀이 생각나 이겨 내며 정복해 갑니다!

처음에 각오했던 것처럼 "내가 이곳에 있는 한 가장 많이 웃는 사람, 언제나 환하게 웃으며 인사하여 어린이집을 환하게 하리라"라는 다짐을 실천해 봅니다.

교회의 표어이자 목사님의 비전인 인사와 관련된 철학과 가르침이 아니었다면 단순한 업무로만 그쳤겠지만 기도하고, 다짐하며, 목사님의 말씀을 품고 실천하던 중 얻은 업무이기에 더 기쁘고 감사하게 일하고 있습니다. 저의 업무는 작은 일이지만 저의 마음속에는 목사님의 가르침으로 가득 차 저를 이끌어 가고 있음을 고백합니다.

김진숙A 집사

3
인사는 나눔입니다

즐거워하는 자들과 함께 즐거워하고 우는 자들과 함께 울라 서로 마음을 같이하며 높은 데 마음을 두지 말고 도리어 낮은 데 처하며 스스로 지혜 있는 체 하지 말라 아무에게도 악을 악으로 갚지 말고 모든 사람 앞에서 선한 일을 도모하라 할 수 있거든 너희로서는 모든 사람과 더불어 화목하라 내 사랑하는 자들아 너희가 친히 원수를 갚지 말고 하나님의 진노하심에 맡기라 기록되었으되 원수 갚는 것이 내게 있으니 내가 갚으리라고 주께서 말씀하시니라 네 원수가 주리거든 먹이고 목마르거든 마시게 하라 그리함으로 네가 숯불을 그 머리에 쌓아 놓으리라 (롬 12:15-20)

어린 시절 제 아버지는 언제나 저에게 자상하셨습니다. 겨울만 되면 나무를 둥그렇게 직접 깎으셔서 팽이를 만들어 주셨습니다. 또 철사를 불에 구어 구부려 썰매의 날을 만들어 주셔서 한겨울 신나게 놀게 해주셨습니다. 하지만 세월이 지난 지금 되돌아볼 때 저에게 소중했던 추억과 유산은 바로 인사와 나눔이었습니다.

아버지의 인사와 나눔은 어린 시절 즐거웠던 놀이와는 달리 마음을 힘들게 하는 것들이 많았습니다. 그중에 언제나 나누라고 말씀하시며 실천하시는 아버지가 힘들었습니다.

아버지는 저와 둘이 있을 때면 언제나 절반만 드시고 꼭 저에게 나눠주셨습니다. 수박이며 참외 같은 과일은 그래도 괜찮은데 약국에서 사 드시는 박카스 한 병은 언제나 저를 힘들게 했습니다. 민감한 청소년 시기에 아버지의 입술과 침이 묻은 박카스 절반은 받아들이기 힘든 일이었습니다. 하지만 아버지의 이런 모습은 언제나 한결같으셨고 그 마음에 다른 뜻이 없고 오직 나누고자 하시는 따뜻한 마음이 있다는 사실을 알았기 때문에 묵묵히 아버지의 나눔에 동참할 수밖에 없었습니다.

이러한 아버지의 나눔 또한 저에게 인사와 함께 변치 않는 특별한 DNA가 되어 제 핏속에 깊이 심어져 버렸습니다.

제가 아버지로부터 이어받은 이런 나눔을 여러분의 삶에서도 실천할 것을 언제나 요청하는 것 역시 인사와 무관하지 않습니다. 저는 인사란 단순히 상대를 향한 예절의 표현이라고만 보지 않습니다. 인사란 상대를 향한 관심이요, 적극적으로 나가야 하는 정복이며, 또한 나눔입니다. 인사에는 특별한 나눔이 함께 있습니다. 나눔은 물질만을 말하지 않습니다. 우리가 나눌 수 있는 것은 물질 외에도 수많은 것들이 존재하기 때문입니다.

사도 바울의 나눔의 인사

사도 바울은 로마서를 통해서 모두가 인사의 나눔에 동참할 것을 강하게 강조합니다. 사도 바울이 이처럼 인사의 나눔을 강조할 수 있었던 것은 우리가 그리스도 안에서 한 몸, 한 지체가 되어 하나님께 예배드리며 성도와 이웃을 섬겨야 했기 때문입니다.

그리스도인들이 자주 하는 착각은 믿음이 지극히 개인적인 일이라고 여기는 것입니다. 나 혼자 예배 잘 드리고 하나님께 헌금 드리면 그것으로 신앙생활을 잘하는 것으로 생각합니다. 하지만 아닙니다. 신앙생활이란 결코 홀로 하는 것이 아닙니다. 우리는 그리스도의 지체로서 한 몸이 되었습니다. 서로 합하여 하나님께 찬양 드리며 예배를 드리고 연약한 이웃을 도우며 하나님께서 우리에게 명한 그리스도인의 합당한 삶을 살아야 합니다. 이 모든 것이 그리스도 안에서 한 몸임을 기억할 때 가능한 것입니다.

그렇다면 우리는 어떻게 한 몸, 한 지체가 될 수 있을까요? 그것은 마음을 열고 나눌 때 가능합니다. 바울은 말합니다.

즐거워하는 자들과 함께 즐거워하고 우는 자들과 함께 울라(롬 12:15)

우리가 마음을 나누지 않으면 결코 하나가 된다고 말할 수 없습니다. 한 마음이 되기 위해서는 언제나 나눔의 인사를 해야 합니다. 나눔의 인사를 나누지 않으면서 우리는 서로에게 열린 마음을 가질 수 없습니다. 반가운 겉모습과 달리 속으로 단절의 벽을 쌓는다면 우리는 그리스도 안에서 하나가 될 수 없습니다. 분명히 서로를 향한 질투와 미움이 깊게 뿌리내리게 될 것입니다.

인사와 함께 마음을 열어야 합니다. 감정을 나눌 수 있어야 합니다. 즐거워하는 자들과는 그 즐거움을 함께해야 합니다. 슬퍼하는 자들과는 함께 슬퍼함으로 마음을 나누어야 합니다. 우리는 감정에 너무 인색합니다. 나눔의 인사를 통해서 하나가 되어야 합니다.

갚음은 주님께

19절 말씀은 우리에게 충격으로 다가 옵니다.

원수 갚는 것이 내게 있으니 내가 갚으리라고 주께서 말씀하시니라
(롬 12:19)

이것은 우리의 마음과 주님의 말씀이 정면으로 부딪치게 합니다. 우리는 우리가 겪는 불합리한 일들과 피해에 관해 말하고 싶어 합니다. 아니 나아

가 정당한 대우를 받기를 원합니다. 하지만 주님은 다르게 말씀하십니다. 원수 갚는 것은 나에게 맡기고 네가 맡은 일을 하라는 것입니다.

우리가 나눔의 인사를 할 때 불합리한 일을 당할 수도 있습니다. 우리는 그 일에 관해 마땅히 항의해야 합니다. 우리의 호의를 짓밟는 그들에게 분노를 표시해야 합니다. 그들의 버릇을 고쳐 놓아야 합니다. 하지만 주님은 우리의 흥분을 가라앉히십니다. 이 모든 것이 주님께 있다는 것입니다. 주님의 영역이라는 것입니다. 우리는 그들에게 분노하고 항의하며 그대로 갚아 줄 권한이 없습니다. 우리가 그리스도인이 아니라면 마땅히 그러한 권리를 누릴 수 있습니다. 하지만 우리가 그리스도인으로서 주님께서 명하신 일을 하고 있다면 우리의 권한은 모두 주님께 있습니다.

마음을 넓히십시오. 나눔의 인사에서 오는 모든 어려움은 주님께 돌리십시오. 우리는 호의로 그리스도의 나눔 인사를 하지만 이것이 오히려 우리에게 어려움으로, 때로는 적대적 감정으로 돌아올 수도 있습니다. 때로는 오히려 앙갚음으로 돌아올 수도 있습니다.

우리는 그럴 때 어떻게 해야 할까요? 마음을 닫아 버려야 할까요? 다시 안전한 장소에 숨어서 우리끼리 안전한 인사를 나눠야 할까요? 아닙니다. 원수 갚음은 우리 주님께 있습니다. 염려하지 마십시오. 그가 인사를 받을 만한 자가 아니면 하나님은 그 인사의 호의를 걷어 가십니다. 인사를 앙갚음으로 갚을 때조차 우리는 웃을 수 있습니다. 그것은 바로 주님께서 이 모든 것을 갚으실 것이기 때문입니다. 이 말씀은 우리에게 담대히 인사의 나눔을 할 수 있는 용기를 줍니다.

숯불을 그 머리에 쌓아라

더욱 중요한 것은 그다음 구절입니다. 20절 말씀입니다.

네 원수가 주리거든 먹이고 목마르거든 마시게 하라 그리함으로 네가 숯불을 그 머리에 쌓아 놓으리라(롬 12:20)

이 말씀은 심지어 원수, 즉 나에게 해를 끼치는 그 사람에게도 인사의 나눔을 하라는 명령입니다. 그가 주리거든 먹이고 목마르거든 마시게 해야 합니다. 그러면 숯불을 머리에 쌓아 놓게 됩니다. 숯불을 머리에 쌓아 놓는 행위를 어떻게 생각해야 할까요? 이것은 뜨거운 것을 머리에 올려놓으니 얼굴이 뜨거워진다는 사실을 근거로 부끄러움을 느끼게 하라는 말씀으로 해석하기도 합니다.

하지만 당시 불씨가 정말로 귀했던 상황을 생각해 보면 조금 다른 해석도 가능합니다.

당시 불씨는 굉장히 소중한 존재였습니다. 오늘날과 같은 가스와 전깃불은 꿈도 꾸지 못했습니다. 성냥도 없던 시대입니다. 그렇기에 내일의 불을 위해 사용했던 불을 꺼지지 않도록 재에 잘 묻어 두어야 했습니다. 혹여 실수로 불씨를 꺼뜨려 버리게 된다면 큰 일이 됩니다. 나무를 비비고 돌을 서로 쳐서 불을 일으킨다는 것은 엄청나게 어려운 일입니다.

그러므로 불씨를 위해서는 이웃을 찾아가야 했습니다. 서로 관계가 좋다면 불씨를 얻는 것이 어려운 일이 아닐 수 있습니다. 하지만 만약 이웃이 서로 관계가 좋지 않다면 큰 결심을 하지 않고는 이웃에게 간다는 것은 꿈도 꿀 수 없는 일이 됩니다. 하지만 불이 없으면 안 되기에 찾아가야만 했습니다.

불씨를 빌리기 위해서는 머리 위로 불씨를 담을 그릇을 지고 갑니다. 만일 그가 자비를 베풀어 머리 위에 숯불을 쌓아 준다면 이것처럼 감사한 일이 없습니다. 그렇다면 이 상황에서 머리에 숯불을 쌓는 행위를 무엇으로 볼 수 있겠습니까? 그렇습니다. 그것은 바로 생명을 전하는 가장 귀한 선물이 되는 것입니다. 그의 친절한 인사의 나눔이 결국 생명을 전하는 귀한 행위가 됩니다.

인사를 하십시오. 인사를 통해 당신의 나눔을 전하십시오. 그것은 마음 혹은 물질 혹은 그 어떤 것도 될 수 있습니다. 당신의 나눔의 한마디 인사가 그를 다시 생명의 길로 인도할 수 있게 될 것입니다.

나눔의 이적

제가 아내를 처음 만나게 된 사연도 이와 무관하지 않습니다. 서울에 볼일이 있어서 올라갔다가 다시 안면도로 돌아오기 위해 고속버스를 탔습니다. 그때 제 옆에는 저와 비슷한 또래로 보이는 여성이 앉아 있었습니다. 긴 생머리에 순박하고 차분해 보이는 인상을 가지고 있었습니다.

당시 저는 교회에서 청년회장을 맡으며 활발하게 활동하고 있었지만 낯선 여성에게 먼저 말을 걸 정도로 숫기가 있지는 못했습니다. 전도에 대한 열정이 뜨겁던 때라 교회에 다니느냐고 말을 걸고 싶었지만 저를 이상한 사람으로 취급할까 봐 감히 말을 걸 수가 없었습니다.

오랜 침묵에서 첫입을 뗄 수 있었던 것은 휴게소에서 사 온 빵과 우유 때문이었습니다.

평소 아버님이 '음식은 나눠 먹는 것'이라는 가르침이 몸에 배어 있었습니다. 나도 모르게 "빵 좀 드실래요?"라고 말하였습니다. 이 첫마디로 시작해서 많은 말이 오갈 수 있었고 이를 계기로 서로의 신앙을 확인할 수 있었습니다.

이 첫 만남 후 다시 3년이 지나 버스 안에서 다시 만나게 되었고 이 만남이 결국 지금까지 이어졌습니다. 만일 제가 아버님으로부터 인사의 나눔을 배우지 않았다면 아마 저는 아내를 만나지 못했을 것입니다.

저는 나눔의 인사가 개인에만 머물러 있어야 한다고 생각하지 않습니다. 우리 나눔의 인사는 초대교회가 어려운 다른 지역 교회를 도왔던 나눔과 같이 공동체로까지 확장되어야 합니다.

우리 교회는 모두 하나 되어 나눔에 참여하고자 하였습니다. 저희는 아프리카 선교에 이러한 나눔이 가능하다고 생각했습니다. 그래서 속회(구역)별로 한 선교사님과 연결을 하게 하여 직접적인 나눔과 기도를 할 수 있게 하였습니다. 또한, 자원하는 성도들을 받아 아프리카 교인들과 직접 연결할 수 있도록 하였습니다.

이제 성도들은 아프리카 성도들을 바로 옆에 있는 교인들처럼 언제나 관심 속에 인사하며 기도와 물질로 돕기를 원했습니다. 이러한 나눔은 우리들의 삶을 얼마나 풍성하게 하는지, 주님의 은혜와 사랑을 얼마나 더 깊게 느끼게 하는지 모릅니다. 인사의 나눔은 놀라운 기적을 가져옵니다. 인사의 나눔을 실천하십시오. 당신의 인사가 생명을 구원하는 귀한 역사가 될 것입니다.

"인사는 나눔입니다."

인사로 맺어진 만남

저희 동네에 인사를 잘하는 아름다운 청년이 있어 소개할까 합니다. 처음 본 건 3~4년 되었을까요? 바구니에 채소, 과일 들고 배달 가는 것을 자주 지나치면서 본 친구지만 그때만 해도 그냥 약간 어눌한 표정에 그런가 보다 하고 지나치곤 한 사이였습니다. 아마 그때도 지나가면서 '안녕하세요.' 하고 인사하고 갔을 텐데 제가 건성으로 들었었나 봅니다.

그렇게 눈에 안 들어오던 그가 5~6개월 전부턴가 제 눈에 들어오는 인사 잘하는 친구가 되었습니다. 제게 '안녕하세요.' 하고 볼 때마다 하루에도 두세 번씩 손을 들고 인사하는 그 친구가 예뻐 보였습니다. 하루도 빠지지 않고 저희 가게를 지나가면서 그냥 지나치지 않고 밝게 웃으며 인사하는 걸 보고 문득 이런 문구가 생각났습니다. 제가 처음 동탄시온교회 갔을 때 강단 우측에 적혀 있던 문구. "인사만 잘해도 먹고는 산다"라는 말이 눈에 들어왔습니다.

"저 친구 굶고 살지는 않겠구먼!"

언젠가 하루는 그 친구가 가게 앞에 큰 덩치를 들이밀고 인사하고 가기에, 일하던 손길을 멈추고 나가서 불렀습니다.

"어이! 친구"라고 부르니 뒤돌아봅니다.

"몇 살이야?"

"35살입니다."

"이름은?"

"원정묵입니다!"

그때 제가 그랬던 거 같습니다. 제 조카 이름 하고 똑같다고, 그리고 제 이름을 말해 주었습니다. 경주 최가에 이름은 동삼이라고.

"내가 너보다 15살 많으니 앞으로 형이라고 불러라." 하고요.

"네, 형!" 기분이 좋아 보였습니다.

그리고 "너 교회 다니나?"라고 물으니 다닌다고 합니다. 어디냐고 물으니 "주○○교회요."라고 합니다.

"아! 그렇구나." 그 뒤로도 계속 볼 때마다 이젠 이름을 부릅니다.

"동삼이 형! (손을 흔들며) 안녕하세요." 저도 인사합니다.

"좋은 아침!" 손을 흔들어 줍니다.

어제저녁 정묵이가 일하는 가게에 가보니 아버님만 계셨습니다.

"아드님 배달 갔어요?"라고 여쭈어 보니

"퇴근했어."라고 말씀해 주십니다.

"아드님, 인사성 너무 밝아요. 표정도 아주 좋아요. 혹시 결혼했나요?" 물으니 안 했다고 합니다.

"혹시 아버님 교회 다니셔요?" 물으니 안 다닌다고 합니다.

"센트럴파크 옆에 동탄시온교회가 있어요. 한 번 나오세요. 목사님 설교 말씀도 좋고 교회 다니시는 성도님들도 좋고 괜찮은 교회이니 한 번 꼭! 나 오세요."라고 말씀드리고 가게를 나왔습니다.

어제부터 '새벽기도 총진군 21일'을 하는데 저도 도전 중이고, 이틀째 성 공했습니다. 오늘 새벽예배 마치고 나오는데 제 앞에서 정묵이가 서서 밝 게 웃으면서 인사하는 걸 보고 깜짝 놀랐습니다. 무척 반가워서 엉덩이를 한 대 때렸습니다. 아니 두드렸습니다. 그것은 은혜였습니다.

"새벽기도 나왔구나! 여기서 보니 더 반갑다. 자주 보자." 인사하고 나온 하루는 정말 기쁘고 은혜로웠습니다.

표정이 저렇게 밝고 건강한 믿음과 건강한 정신을 가진 정묵이를 응원합니다. 그리고 좋은 짝 만나서 가정도 꾸렸으면 좋겠습니다.

이 글을 다 써갈 즈음 제 앞에서 저희 가게 쪽, 저를 보고 정묵이가 부릅니다.

"형!" 하고 손을 흔듭니다.

"어제 새벽에도 나왔니?"라고 물으니 아니라고 웃으며 대답합니다.

"우리 힘내서 내일 새벽예배 때는 꼭! 보자." 하니까, 한 시간 자서 피곤하다고 하지만 여전히 얼굴에는 웃음이 가득합니다.

내일도 새벽예배 시간에 볼 수 있기를 기대해봅니다.

오늘 하루도 주님의 은총으로 승리하자. 정묵아!

최동삼 성도

4
인사는 소통입니다

너희가 거룩하게 입맞춤으로 서로 문안하라 그리스도의 모든 교회가 다 너
희에게 문안하느니라 (눅 10:36-37)
너희는 사랑의 입맞춤으로 서로 문안하라 그리스도 안에 있는 너희 모든 이
에게 평강이 있을지어다 (벧전 5:14)

바울이 편지에서 언제나 잊지 않고 당부하는 것은 성도 간의 문안입니
다. 성도란 홀로 신앙생활 하는 것이 아니라 함께하는 것이란 사실을 강조
하기 위함입니다. 바울은 편지를 보낼 때 자신과 함께한 자들을 소개하고
그들의 인사를 전했고, 또한 편지를 받는 성도들을 향한 인사도 잊지 않았
습니다.

바울의 이러한 인사는 그가 결코 그들을 잊지 않았음을, 그리고 자신과
함께한 모든 이들이 기도하고 있음을 보여 주는 것입니다. 신앙생활은 이

처럼 혼자 하는 것이 아닙니다. 함께 나누고 도우며 격려하는 것입니다. 만약 신앙생활이 혼자서 묵상하고 수양하는 것이라면 성도 간의 교제는 해야 할 필요성도, 이를 강조해야 할 필요성도 없습니다.

소통 : 성도의 교제

현대 교회의 큰 문제점 중의 하나는 자신들과 친한 사람들끼리, 오랫동안 친분을 유지해 온 사람들끼리만 뭉치는 '동질적 응집 현상'입니다. 이는 새롭게 교회에 나온 새신자들이 교회에 적응하지 못하고 나가게 만드는 고질적인 문제가 됩니다. 새롭게 교회에 들어온 신자들이 홀로 떨어져 방황하지 않도록 주의를 기울여야 합니다.

저는 그러므로 인사를 소개하면서 가장 중요한 것은 '소통'이라고 생각합니다. 인사는 우리 안에 바른 소통을 하게 합니다. 이것을 다른 말로 한다면 성도의 교제일 것입니다. 서로 소통하지 못하고 단절된다면 그 교회는 하나님께서 인정하지 않는 죽은 교회가 될 것입니다.

서로 끊임없이 소통하며 성령님이 주시는 그 풍성함 가운데 나눔을 지속할 때 그 교회가 살아있음을 느끼게 되는 것입니다. 이러한 소통은 바로 성도 간의 끊임없는 인사를 통해서 가능하게 됩니다.

소통을 위한 훈련

제가 섬기고 있는 교회에서 특별히 성도 간의 소통을 위해서 강조하는 것이 있습니다. 그것은 바로 '어정거림'입니다.

예배가 끝나면 성도님들은 집에 가기 바쁩니다. 각기 해야 할 일도 있고 빨리 집에 돌아가서 쉬고 싶은 마음도 있을 것입니다. 하지만 이대로 빨리 집에 간다면 예배에서 가장 중요한 것을 놓치게 됩니다. 그것은 바로 성도의 교제입니다.

예배란 하나님께 드리는 찬양과 기도 그리고 선포되는 말씀으로만 그치는 것이 아닙니다. 성도의 교제 또한 거룩한 예배의 한 부분입니다. 성도의 교제는 하나님께 예배드리는 자가 나눠야 할 의무이기도 합니다. 그러므로 저는 예배의 마지막인 축도를 마친 후 곧바로 나가지 말고 서로에게 인사를 하도록 권했습니다. 그리고 저는 이것을 '어정거림'이라고 명하였습니다.

서로 왔다 갔다 하며 안부를 묻는 것도 하나님께서 기뻐 받으시는 성도의 교제입니다. 마음의 문을 활짝 열고 서로를 향해 그리스도 안에서 안부를 물을 때 주님은 가장 기뻐하십니다.

예배에 나온 성도라면 의무적으로 마음 문을 열고 서로 안부를 물어야 합니다. 아는 사람들에게만 나아가서도 안 됩니다. 모르는 모든 분에게 활짝 웃으며 나아가야 합니다. 그리고 밝게 악수하며 그동안의 안부를 물어야 합니다. 이러한 인사가 우리 교회의 기본이 되었습니다.

끊임없이 서로 인사하며 소통하는 이 모습이야말로 우리 주님께서 말씀하신 성도의 바른 교제의 모습이 아닐까요? 우리는 이런 소통을 통해서 닫혀 있던 마음을 열고, 서로를 향한 관심을 세우게 하고, 나눔을 가능하게 하였습니다. 물론 처음에 교회에 나오신 분들은 이런 저희 모습에 상당히 당황합니다. 그렇게 수많은 사람이 정신없이 인사하며 다니는 모습은 보기 드문 일일 테니까요. 하지만 곧 그들도 이러한 인사의 모습이 결코 가식이 아니고 진짜 삶에서 흘러나오는 자연스러운 모습임을 이해하게 되고, 곧 이 인사에 동화되어 버립니다.

우리 교회에서 소통의 인사를 체질화할 수 있게 만드는 중요한 프로그램 중 하나는 바로 새신자를 위한 교육입니다. 새신자들은 7주간의 바나바 훈련을 받아야 합니다. 매주 성경공부와 다양한 교육 프로그램들이 있지만, 그중에서 가장 많은 비중을 차지하는 것은 숙제입니다.

훈련받는 분들은 한 주간 교인들을 만나 가족 사항은 어떻게 되는지 그는 누구인지 물어야 합니다. 그리고 그의 고민은 무엇이며 그가 가지고 있는 기도 제목은 무엇인지 적어 보고해야 합니다. 새신자는 7주간 7명의 성도를 만나게 됩니다.

이렇게 인사를 훈련받으며 새로운 성도들은 장로님이 누구이신지, 권사님이 누구인지 알게 됩니다. 이러한 행사는 결국 새로운 성도님들이 홀로 고립되지 않고 교회에 정착하게 하는 탁월한 효과가 있습니다.

제가 인상 깊게 본 현수막이 있습니다. 그것은 오산한국병원에 걸려 있었던 인사말이었습니다.

"이제는 고객의 감동을 넘어서 기절시키는 서비스로 모시겠습니다."라는 문구였습니다.

육신의 병을 고치는 병원의 서비스가 저런데 하물며 영적인 병을 고치는 교회의 서비스는 어떠해야 하겠습니까? 우리 역시 기절할 만큼 감동을 주는 서비스로 새로운 성도를 맞이해야 합니다. 저는 그것이 바로 소통의 인사라고 생각합니다.

교회 처음 온 사람들이 모두 밝게 웃으며 기절할 만큼 감동을 주는 것입니다.

소통 : 서로 고난당하는 자들을 돌아봄

바울이 곳곳에 흩어져 많은 고난을 겪고 있는 그리스도인들에게 편지를 보내면서 잊지 않았던 인사에는 또 다른 의미가 있습니다.

바울이 선교하던 당시에 그리스도인들은 평안한 삶을 살 수 없었습니다. 정치적으로나 경제적으로 그리스도인들은 상당한 불이익을 받았기 때문입니다. 심지어 그리스도인이라고 잡혀 고문과 죽임을 당하는 경우도 허다했습니다.

밖에서는 감히 내가 그리스도인이라고 말할 수 없는 분위기였습니다. 그들의 고난이 얼마나 심한지 바울은 이들 성도에게 편지를 쓸 때마다 울지 않을 수 없었습니다. 수많은 고난 가운데서도 믿음을 잃지 않고 오직 주님만을 바라보는 그들을 바울은 그리스도의 사랑과 권능으로 위로하기를 원했습니다. 바울의 인사에 숨어 있는 마음입니다.

그들은 결코 혼자 고난을 당하고 있는 것이 아닙니다. 함께 고난을 당하며 그들을 위해 기도하는 수많은 격려가 있습니다. 바울은 이러한 사실을 잊지 않도록 말하고 싶었습니다. 그들은 혼자가 아니었습니다.

오늘날 우리의 신앙생활 모습도 이와 같습니다. 지금은 바울 당시와 같은 육체적인 물질적인 고난은 없습니다. 하지만 지금도 여전히 그리스도인들은 끊임없이 사탄의 위협을 받으며 수많은 유혹에 노출되어 있습니다.

험한 세상에서 우리 성도들은 피땀 흘리며 사탄과 세상과 싸우고 있습니다. 이들은 결코 혼자가 아닙니다. 그들을 위해 염려하는 성도들이 있습니다. 그들이 험한 전쟁터에서 승리하도록 기도하는 열정적인 기도가 그들을 버티게 하는 힘이 됩니다. 우리 성도들은 이렇게 서로 소통하며 하나님께서 주시는 그 힘과 위로로 인내할 수 있습니다.

소통의 부재 : 교회의 위기

오늘날 교회들이 왜 위기를 맞이했습니까? 그것은 성도 간의 소통에 무지했기 때문입니다.

무조건 교회에 나와서 예배만 드리고 헌금을 드리고만 가면 신앙생활을 잘하는 것으로 가르쳤습니다. 교인들이 친한 사람들끼리만 뭉치고 다른 사람들을 소외시켜도 관심을 두지 않았습니다.

교회는 점점 우리만의 모임으로 변해 갔습니다. 새로운 성도가 중간에 들어갈 자리가 전혀 없습니다. 심지어 교회에서 적응하는 것이 제일 어렵다고 말하는 사람들까지 생겼습니다. 결코, 소외가 없어야 할 교회에서 왜 소외가 일어납니까? 사랑이 넘쳐야 할 교회에서 왜 시기 질투가 일어납니까? 왜 분쟁이 일어납니까? 그것은 교회가 성도들 간의 교제, 즉 소통에 무지했기 때문입니다. 우리 교회는 성도 간에 서로 돌아보며 인사하는 소통에 관심을 가져야 합니다. 우리는 혼자가 아닙니다. 예수님의 든든한 지원을 받으며, 함께하시는 성령님이 있습니다. 그리고 우리 생활 주변에서 소통하며 기도하는 성도들이 있습니다.

이러한 소통은 바로 인사를 통해 이어집니다. 인사는 아무것도 아닌 것처럼 보일 수 있습니다. 인사를 왜 그렇게 강조하냐고 저한테 항의할 수도 있습니다. 하지만 아닙니다.

인사는 그만큼 중요합니다. 인사 자체가 예절을 표시하는 것 이상의 상당한 의미가 있습니다. 우리는 지금도 끊임없이 인사해야 합니다. 서로를 돌아보고 밝게 웃으며 인사할 때, 우리의 마음은 하나로 연결되고 막혀 있던 모든 것이 열리는 그리스도인의 소통이 시작됩니다.

소통을 위한 연구

우리 교회는 언제나 소통을 고민하며 연구하고 있습니다. 이러한 고민은 일상의 모든 부분에서 시행됩니다. 속장(구역장)들과 함께 하루 단합대회를 가도 우리는 결코 자신이 앉고 싶은 대로 두지 않습니다. 그렇게 되면 친하고 편한 사람들끼리만 앉게 됩니다.

우리는 하루를 멀리 떠나도 제비를 뽑게 합니다. 그래서 두 명씩 하루 짝을 만들어 줍니다. 이들은 이전에 잘 알지 못한 사람들과 제비뽑기에 따라 앉아야 합니다. 그리고 온종일 파트너가 되어 함께 가야 합니다. 이것은 교인들이 긴장을 늦추지 않고 소통에 전념하도록 하는 계기가 됩니다. 교인들은 언제나 새로운 사람이 소외되지 않도록 관심을 갖게 되고, 새로운 사람이 자신에게 배정되더라도 기쁜 마음으로 서로 소통하며 관심을 줄 수 있게 됩니다.

이러한 훈련은 긴 기간을 필요로 하는 여행에서도 예외가 아닙니다. 저희가 성지순례에 갔을 때의 일입니다. 저희들은 2~3일에 한 번씩 같은 방에서 자야 하는 분들을 바꾸었습니다. 언제나 새로운 분들과 사귀도록 애쓰는 노력으로 이제는 교회에서 소외되는 분들이 없이 모두 잘 정착하며 모두에게 관심을 두는 소통의 교회가 될 수 있었습니다.

우리는 끊임없이 소통을 위해 연구해야 합니다. 우리 주위에 소외되는 분들이 없어야 합니다. 늦게 등록했다고, 사는 지역이 다르다고, 경제 형편이 다르다고, 학력이 차이가 난다고, 직업이 다르다고 차별해서는 안 됩니다.

이와 같은 공정한 소통은 인사의 기본이 됩니다. 어느 사람과도 우리는 웃는 모습으로 인사를 나누어야 합니다. 인사는 그리스도인들이 가져야 할 소통의 기본이 됩니다. 그러므로 저는 인사를 가르치면서 이렇게 말할 수 있는 것입니다.

"인사는 소통입니다."

위기를
기회로 만들어 준 인사

3년 전, 그러니까 2014년 프로젝트에 위험관리자로 투입되어 다른 팀 사람들과 새로운 프로젝트팀을 이루어 생활하게 되었습니다. 프로젝트팀에는 다른 팀에서 파견 나온 나이가 드신 선배 부장님과 후배 사원들이 있었습니다.

같은 팀이 아니어서 굳이 인사를 열심히 할 필요는 없었고 같은 사무실에 근무하는 정도의 관계만 유지하면 되는 환경이었습니다.

교회 예배시간에 담임 목사님께서 '인사만 잘해도 먹고는 산다'라는 말씀을 많이 하셔서 나쁠 것 없을 것 같아 한번 회사에서 실천해 보자고 마음을 먹었습니다.

아침 7시 30분에 출근하면 먼저 찾아가서 '안녕하세요?'라고 크게 인사를 했습니다. 그리고 엘리베이터나 식당에서도 선배 부장님을 만나면 열심히 인사했습니다. 저의 직급은 차장이었지만 다시 신입사원이 된 기분이었습니다.

그때는 사실 다른 팀 선배 부장님들이라 저한테 인사이동에는 직접적인 영향력은 없었지만 즐겁게 인사하는 사이가 되었습니다. 프로젝트가 3년이 지나도 오픈할 수 없는 좋지 않은 상황에 부닥쳤고, 기술적으로 실현이 불가능하다는 것이 중론이었습니다.

2016년 말 사장님 지시로 프로젝트 Replan 계획을 세워 다시 프로젝트를 시작하게 되었습니다. 2017년 1월 초 같은 팀에서 3명이 추가 투입되어 같이 협업을 해야 하는 상황이 되었습니다. 그런데 추가 투입된 팀원들과의 관계가 원활하지 않았고, 3월 이후에는 갈등이 커져 같은 팀 3명에게서 이래저래 비아냥과 공격의 대상이 되었습니다.

협업은커녕 회사생활을 유지하기가 힘들 지경에 놓이게 되었습니다. 조직적으로 공격하는 팀원들과 싸울 수도 없었고, 누구한테 현재 저 자신의 처지를 하소연하기도 어려웠습니다.

너무 마음이 힘들어 사표를 내고 싶은 마음이 하루에도 수도 없이 들었습니다. 실제로 다른 회사 경력사원 모집에 지원하여 면접도 보았습니다. 혼자 있을 땐 회사생활에 회의감이 들 정도로 참담한 마음이었습니다.

유일하게 아내나 목장 예배 때 장로님, 권사님, 집사님들께 회사생활의 어려운 점을 내려놓고 위로를 받는 것이 전부였습니다. 너무 심적으로 힘들어 회사생활을 위해 아침에 기도도 많이 하였습니다.

그런데 회사생활에 큰 변화가 일어나기 시작했습니다. 지금껏 인사를 열심히 드렸던 선배 부장, 차장님들이 아무 이유도 없이 저의 편을 들어 주고 옹호해 주기 시작했습니다. 이런저런 사유로 부탁을 드릴 때도 흔쾌히 믿어 주시고 허락해 주셨습니다.

결정적으로 부서장께서도 같이 투입된 팀원들에게

"박 차장 잘해 줘라."라고 몇 번이고 지시하셨습니다.

나중에 알게 된 사실이지만 다른 팀 선배 부장님들이 저희 부서장님과 친한 사이였습니다. 제가 이제껏 만날 때마다 인사한 것이 선배 부장님들 눈에는 선배를 인정하고 대접하는 후배로 인식되었던 것이었습니다.

이제는 상황이 역전되어 같이 투입된 같은 팀 3명이 저의 눈치를 보는 상황이 되었습니다. 지난 3년간 마주치며 열심히 한 인사가 어려울 때 위로의 열매로, 상대방의 커다란 신뢰를 얻는 결과가 되었습니다.

'인사만 잘해도 먹고는 산다'라는 목사님 말씀이 저의 사회생활에 있어 의미 있는 결과로 나타나게 되었습니다. 참으로 힘든 2017년 상반기를 보내며 새삼 인사의 중요성을 깨닫게 되었으며, 담임 목사님을 통해 어려움의 피난처를 예비하신 주님께 감사드립니다.

박인우 집사

5
인사는 겸손입니다

유대를 떠나사 다시 갈릴리로 가실새 사마리아를 통과하여야 하겠는지라
사마리아에 있는 수가라 하는 동네에 이르시니 야곱이 그 아들 요셉에게 준
땅이 가깝고 거기 또 야곱의 우물이 있더라 예수께서 길 가시다가 피곤하여
우물 곁에 그대로 앉으시니 때가 여섯 시쯤 되었더라 사마리아 여자 한 사
람이 물을 길으러 왔으매 예수께서 물을 좀 달라 하시니 이는 제자들이 먹
을 것을 사러 그 동네에 들어갔음이러라 사마리아 여자가 이르되 당신은 유
대인으로서 어찌하여 사마리아 여자인 나에게 물을 달라 하나이까 하니 이
는 유대인이 사마리아인과 상종하지 아니함이러라 (요 4:3-9)

인사는 겸손입니다. 인사란 자신을 낮출 때야 비로소 상대방에게 인사가

전달되는 특성이 있습니다. 스스로 높이고자 하는 사람은 인사를 할 수 없

습니다. 그 사람은 인사를 받는 사람이지 인사하는 사람이라고 할 수 없습

니다. 그러므로 인사하는 사람은 자신을 낮춰야 합니다.

인사는 시키는 것이 아닙니다

제가 만났던 분 중에 선생님 출신의 연세 많으신 분이 계셨습니다. 그분은 언제나 사람은 예절을 잘 지켜야 한다고 강조하는 분이셨습니다. 하지만 저는 그분의 얼굴에서 인자함을 보지 못했습니다. 그분은 아이들을 만날 때마다 아이들이 인사하지 않는다고 늘 무서운 얼굴로 혼내셨습니다.

이분을 우리가 인사를 잘 가르치는 분이라고 할 수 있을까요? 아닙니다. 아이들에게 인사를 강요만 했지 정작 본인은 아이들에게 먼저 인사하지 않았기 때문입니다. 아이들에게 이분은 언제나 두렵고 피하고 싶은 분으로 각인되었지 결코 친절히 인사하는 선생님으로 생각되지는 않았을 것입니다.

인사란 자신이 하는 것이지, 남에게 강요하는 것이 아닙니다. 인사는 먼저 자신을 낮춰 섬기는 마음이 있어야 할 수 있습니다.

겸손한 인사를 보여주신 예수님 : 사마리아 여인과의 인사

세상에서 가장 겸손한 인사를 가지신 분은 예수님이십니다. 세상에 오신 예수님은 존경을 한 몸에 받으며 인사를 받으셔야 마땅한 분이십니다. 하지만 예수님은 오히려 자신을 낮춰 가장 연약하고 비천한 자들에게까지 인사를 나누셨습니다.

예수님께서 유대를 떠나 갈릴리로 가실 때의 일입니다. 길의 특성상 예수님과 함께한 제자들은 사마리아를 통과해야 했습니다. 사마리아를 피해서 갈 수가 없었습니다. 유대인들은 누구나 사마리아를 지나가지 않으려고 하였습니다. 그들은 사마리아를 선택된 민족이 아닌 이방인으로 여겼습니다. 그것은 사마리아의 과거 역사에 그 이유가 있습니다.

사마리아는 과거 앗수르의 민족 말살 정책에 의해 다른 민족들이 들어와 살게 되었고 그 전통이 계속 이어져 온 곳이었습니다. 그러므로 사마리아가 비록 이스라엘 안쪽에 있었지만 그들을 하나님께 선택받은 이스라엘 사람이라고 여기지는 않았습니다. 그들은 함께 있었지만, 이방인으로 여겨 그들과는 말을 섞지도 눈을 마주치지도 않았습니다.

그들과 만났을 때는 오직 경멸만을 표현합니다. 그러니 제자들에게 사마리아를 지나가는 것은 결코 달가운 일이 아니었습니다. 예수님을 모시고 지나가야 했기에 더욱 염려가 되었을 것입니다.

그런데 놀라운 일이 벌어집니다. 예수님께서 혼자 계시다가 사마리아 여인에게 인사를 건네셨습니다. 예수님의 인사에 사마리아 여인은 기절할 정도로 놀랐습니다. 유대인이었던 예수님의 인사는 파격 그 자체였습니다. 예수님은 사마리아 여인에게 '물을 좀 달라'는 말로 말문을 연 뒤에 더욱 깊이 있는 이야기를 나누기 시작하셨습니다.

예수님의 '물을 좀 달라'는 것은 오늘날로 말하면 "좋은 아침입니다." 혹은 "날씨가 좋습니다."와 같이 그녀가 하는 일에 관심을 표현하는 인사로 이해할 수 있습니다.

사마리아 여인은 처음에는 자신에게 말을 건넨 분이 유대인이라는 사실 때문에 크게 놀랐습니다. 지금까지 유대인이 자신에게 말을 건넨 적이 없었기 때문입니다. 이 여인은 마을에서 소외되었던 여인이라고 추정됩니다. 그것은 그녀가 물을 긷기 위해 오후 가장 더운 시간에 나왔기 때문입니다. 여인들이 물을 긷기 위해 나오는 시간은 일정합니다. 대부분은 서로 물을 긷는 시간에 맞춰 나가기 마련입니다.

당시 우물은 서로 인사를 건네고 안부를 묻는 우리의 사랑방 같은 역할을 했습니다. 이곳에 모이면 그 전날 있었던 모든 시시콜콜한 이야기를 들을 수 있었습니다. 그런데 이 여인은 무리에서 소외되었습니다. 외로움에 몸서리치고 있던 여인에게 예수님께서 다가오셔서 인사를 나눠 주셨습니다. 그 순간이 여인에게 너무 큰 감동이었습니다. 이 여인은 이전에 상상할 수 없었던 대화를 예수님과 나누기 시작합니다.

예수님과의 대화는 놀라움의 연속이었습니다. 그분과 대화하면 할수록 자신의 죄가 드러났습니다. 그녀는 참 생수를, 그리고 하나님을 향한 예배를 소망하며, 조상 적부터 바라보았던 그리스도를 발견하였습니다. 그녀는 도저히 그냥 있을 수 없었습니다. 이전에 등 돌렸던 모든 이웃에게 찾아갑니다. 그리고 그들에게 자신이 발견한 그리스도를 증거합니다.

그녀를 알던 사람들은 그녀의 증거를 들으며 어떻게 그녀가 다시 회복할 수 있었는지, 그리고 그녀가 만난 그리스도가 누구인지 궁금했습니다. 드디어 수많은 사람이 예수님을 뵙고 말씀을 듣고자 나왔습니다.

그렇습니다. 그녀는 자신을 낮추시고 인사로 찾아오신 예수님을 통해 구원을 발견하고 예수님을 전하는 전도자로 거듭나게 되었습니다. 이전에는 자신의 죄 때문에 이웃들과 단절된 삶을 살아야 했던 그녀가 이제는 이웃들에게 구원의 인사를 전하는 전도자가 되었던 것입니다.

참된 인사 : 겸손

참된 인사는 자신을 낮추는 겸손입니다. 겸손하지 않으면 아무도 관심을 기울이지 않습니다. 예수님은 언제나 이 겸손의 인사를 가르치셨습니다. 하지만 제자들은 예수님께서 가르치신 겸손의 인사에 관심을 갖지 않았습니다. 그들의 눈에 겸손의 인사는 전혀 매력적이지 않았습니다. 오히려 예수님께서 외식하는 자라고 호통을 치신 대제사장들과 바리새인들과 서기관들이 더욱 매력적이었습니다.

그들은 높은 자리에 앉아 있었으며 하고 싶은 모든 일을 하면서도 언제나 존경을 받았습니다. 그들은 인사를 받는 자들이지 인사를 하는 자들이 아니었으며 겸손과는 거리가 멀었지만, 충분히 매력적이었습니다.

제자들은 몸은 예수님을 따르고 있었지만, 마음은 이들에게로 향하고 있었습니다. 그래서 예수님께서 보지 않는 곳에서는 서열 싸움을 치열하게 했습니다. 분명히 예수님께서 세상을 다스리시는 지위에 올라가실 텐데 누가 그 높은 자리에 함께 올라갈 수 있을지가 모든 관심사였습니다. 그렇게 제자들은 겸손에 관심이 없었습니다.

첫째가 되고자 하십니까?

제자들의 모습은 오늘날 우리와 크게 다르지 않습니다. 겸손히 예수님을 따른다고 하면서도 누가 나를 높여 주지 않으면 분노합니다. 우리는 우리의 경력을 인정해 주고, 지위를 인정해 주고, 물질을 인정해 주어야 기뻐합니다. 그것도 안 되면 나이라도 인정을 해주어야 합니다. 우리는 다른 사람들보다 높임을 받고, 인정을 받기를 원합니다.

예수님을 바라보십시오. 예수님은 우리를 위해 높고 높은 보좌를 버리셨습니다. 인간의 몸을 입으시고 모든 고난을 받으시며 우리에게 겸손의 인사를 보내셨습니다. 예수님은 서로 첫째가 되고자 하는 제자들에게 말씀하셨습니다.

누구든지 첫째가 되고자 하면 뭇 사람의 끝이 되며 뭇 사람을 섬기는 자가
되어야 하리라(막 9:35)

그렇습니다. 하나님 나라에서는 우리가 알고 있는 상식이 파괴됩니다.
우리 상식에는 높은 사람이 섬김을 받습니다. 그 섬김은 너무나 원하는 부
러움이 됩니다. 모든 사람은 인정과 존경이 담긴 섬김을 받고 싶어 합니다.
하지만 하나님 나라에서는 반대입니다. 첫째가 되고자 하면 섬기는 자가
되어야 합니다. 가장 겸손한 자가 하나님 나라에서는 높임을 받습니다. 예
수님이 바로 그러한 가장 좋은 예가 되십니다.

우리는 섬김을 받기 위해 인사하지 않습니다. 우리가 드리는 인사는 바
로 섬김입니다.

"제가 바로 가장 낮은 자입니다."라는 고백입니다.

이러한 고백은 예수님께서 제자들에게 가르치고자 하는 섬김입니다. 우
리가 서로 자신을 낮춰 인사할 때 주님은 우리를 하나님 나라에서 가장 높
은 자로 인정해 주십니다.

먼저 다가가십시오. 그리고 자신을 낮춰 인사하십시오. 자신의 신분과
나이 그리고 성별을 잊으십시오. 여러분이 낮아지는 만큼 여러분은 아이들
의 모델이, 그리고 새신자의 모델이 될 것입니다. 그리고 여러분들은 예수
님의 자랑이 될 것입니다.

그러므로 저는 이렇게 말합니다.

"인사는 겸손입니다."

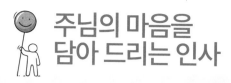

주님의 마음을
담아 드리는 인사

어려서부터 동네 어른을 만나면 인사를 하게 만드셨고 성장해서도 차를 몰고 가다가 길이라도 물으려면 꼭! 차에서 내려 인사를 먼저 하라고 말씀하셨던 돌아가신 아버지가 생각납니다.

"저렇게 인사를 잘하는 손자가 누구 집 손자여? 누구 집 아들이여?"로 통했던 나였기에 동탄시온교회를 처음 왔을 때 "인사를 잘해도 먹고는 산다"라는 교회의 표어가 낯설지 않았고 공감되었습니다.

전공을 살려서 26년간 직장인으로 생활을 하고 있는데 매일 담당자와의 인사와 대화로 출장 업무를 하던 터라 더욱더 인사의 중요성을 누구보다도 잘 알고 있습니다. 주일을 지키고 월요일부터 시작되는 직장생활의 한 주간을 새벽기도로 주님께 기도하고 시작하자는 나의 목표는 월요일 새벽 차량 봉사라는 거룩한 의무감을 통해서 교회의 발걸음을 재촉하게 만들었고, 차량에 한 분 한 분 타시는 권사님과 집사님들의 인사 속에서 하루를 시작합니다.

우리 교회 앞에는 멋진 '센트럴파크' 공원이 있습니다. 많은 사람이 오가고 있으며 당연히 주위에 커피숍들도 많이 있습니다. 우리 교회 앞에 있는 커피숍! 서늘한 새벽바람 속에서도 반소매를 입으시고 내 집인 양 열심히 땀 흘리시면서 커피숍 내 청소와 유리창을 청소하시는 70대 할머니를 늘 볼 수가 있습니다. 새벽기도회를 마치고 커피숍 앞을 지나칠 때면 늘 뵙는 할머니! 처음에는 어두컴컴한 새벽에 인사드리는 것이 좀 머뭇거려졌지만 먼저 밝은 미소를 짓고 인사를 드렸습니다.

할머니는 자신이 주위 빌라에 거주하시는데 새벽에 교회 앞 커피숍 청소만을 도맡아 일하시며, 최근 서울에 있는 작은 아들에게 교회에 다녀 보시라는 권유를 받았다고 말씀하셨습니다. 지금은 주일 성수를 못하시지만 늘 할머니의 마음속에는 교회를 바라보는 주님의 마음을 가지고 계심을 알 수가 있었습니다.

"인사만 잘해도 먹고는 산다" 먹고만 사는 게 아니라 사람까지도 살리는 우리 교회의 표어가 전 너무 마음에 듭니다. 주님께서는 할머니의 발걸음을 교회로 한 걸음 옮기게 하셨으니 이제는 주님만 바라보며 주일 성수할 수 있도록 인도해 주실 것입니다. 그래서 전 오늘도 열심히 인사를 하고 다닙니다.

이상현 집사

칭찬을 부르는 인사

서울에 살다 동탄에 이사와 처음 시온교회에 출석했을 때 시온교회에 길게 늘어진 현수막은 너무 인상적이었습니다.

"인사만 잘해도 먹고는 산다" 저는 '저게 뭐야.' 하는 생각에 속으로 큭 하고 웃었습니다. 유치부에 출석하는 5세, 3세 손녀 손자가 집에 오면 크게 복창을 합니다.

"인사만 잘해도 먹고는 산다!"

아파트 엘리베이터를 탈 때마다 3살 손자는 "안녕하세요?" 하며 인사를 하였습니다.

11층에 사시는 아주머니가 매번 인사할 때마다 과자라도 있으면 주고 싶었다고 하시면서 가방을 부스럭거리더니 "과자 사 먹어." 하시며 돈 천 원을 주셨습니다.

아직 돈을 모른다 하며 사양하였지만, 그분은 아이 손에 돈을 꼭 쥐여 주셨습니다.

엘리베이터를 타고 내려와 순간 '저 돈을 어쩌지?'라는 생각이 들었습니다. 그래서 손자에게 물었습니다.

"동현아! 그 돈 뭐 하고 싶어?" 하였더니

"사탕?" 하였습니다.

"그러자!" 하고 둘은 편의점으로 가서 막대 사탕 2개를 사고 동현이 보고 받은 천 원으로 계산하도록 하였습니다. 막대 사탕 2개를 들고 어찌나 좋아하던지요.

아마 자기 돈으로 샀다는 뿌듯함이 있었을 것입니다.

초등학교에 다니는 아이를 데리고 탄 엄마는 "아기도 인사하는데 형은 왜 인사 안 해?"라고 말하였습니다. 어느새 우리 아파트 엘리베이터 안에서 아이들은 인사를 하기 시작하였습니다. 인사를 할 때마다 받는 답례의 말은 "잘생겼는데! 그 녀석 똑똑하게 생겼어!"였습니다. 나이 지긋한 할아버지는 "저렇게 두상이 동글동글하면 한자리 해! 어! 파마했네. 정말 멋지다!"라고 칭찬해 주셨습니다.

달콤한 사탕은 아니지만, 사탕보다 더 달콤한 칭찬을 먹고 6살이 된 지금도 동현이는 식당에서 아는 사람을 찾아다니며 인사를 하고 다닙니다. 칭찬 받고 자란 아이가 자존감이 강하고 매사에 긍정적이라 하는데 우리 동현이는 어떻게 자랄지 정말 기대가 됩니다.

설복희 권사

6
인사는 돌봄입니다

인사를 기능적으로만 접근한다면 단순히 예절을 표시하는 것이라고만 할지 모릅니다. 하지만 인사에는 사람들이 생각하지 못한 기능이 들어 있습니다. 그것은 바로 '돌봄'입니다.

인사는 그 사람이 건강한지, 현재 상태는 어떤지, 요새 어떤 일을 겪고 있는지 묻는 물음과 안색과 행색을 살핌이 함께합니다. 언제나 인사를 나누는 사이라고 한다면 대부분 우리는 그 사람의 형편을 알 수 있습니다. 언제 병원을 다녀왔는지, 요새 어떤 반찬을 해 먹고 있는지, 친구들은 누구인지 말입니다. 물론 이 인사는 기본적인 관심을 전제로 할 때를 기준으로 합니다. 그러므로 "인사는 돌봄이다"라고 할 수 있습니다.

우리가 인사를 나누지 않고 돌볼 수 있는 방법은 없습니다. 서로 인사를 나누지 않는데 어떻게 자신의 형편을 이야기하며 필요한 것들을 나눌 수 있겠습니까? 깊은 병이 있어 한 의사에게 오랫동안 진료를 받고 그분과 친분이 생기게 되면 누가 시키지 않아도 진료실에 들어갈 때 언제나 인사를 합니다. 이때는 개인과 개인으로 깊은 친분이 생겼음을 의미합니다. 의사는 최근 있었던 일도 묻고, 어디 다른 아픈 곳이 있는지 묻습니다. 이것이 바로 돌봄의 인사가 됩니다.

돌봄 인사의 현실

현대를 사는 우리는 돌봄의 인사를 나누기가 어렵습니다. 바로 옆집에 사는 사람조차 누구인지 알기 어렵습니다. 집 밖에서 사람을 만나면 그냥 모른 척 고개를 돌립니다. 심지어 바로 밑에 집에 사는 것을 뻔히 알고 있지만, 계단에서 마주쳐도 인사를 나누지 않습니다. 혹여 오해를 살까 봐 미소조차 짓지 않습니다. 우리의 형편이 이러니 어떻게 사회 내에서 돌봄이 일어날 수 있습니까?

나라에서는 이러한 사회 분위기를 반영하여 돌봄의 인사가 아닌 돌봄 활동을 만들어 냈습니다. 어려운 형편에 있는 분들을 동사무소에서 찾아내어 그들을 명단에 올려 사회복지사가 관리합니다. 나라의 이러한 시스템은 너무 좋습니다. 문제는 인력과 물질입니다. 사회복지사 한 명이 감당할 수 있는 사람은 한정적입니다. 그런데 우리 주변의 어려운 사람들은 그렇지 않습니다. 계속 늘어나면 늘어났지 줄어들지 않습니다.

연세 드신 분들이 혹여 홀로 아픔을 겪지 않을까 전화를 드립니다. 혹시 굶고 계시지 않을까 음식을 넣어 드립니다. 하지만 이 관리를 벗어난 분들이 더 많이 계십니다. 어른들만 돌봄의 대상이 아닙니다. 어린아이들도 너무 많이 있습니다. 가난해서, 혹여 장애로 인해 돌봄이 필요한 경우도 많습니다. 이런 일을 나라가 다 감당할 수 있을까요? 결국, 이 좋은 제도는 명목뿐일 때가 많습니다. 나라가 모든 사람을 빠짐없이 돌본다는 것은 불가능합니다.

과거 우리의 돌봄 인사

과거 우리나라는 이 돌봄을 각 마을에서 해결하였습니다. 한마을에 살면 모두 이웃이 되었습니다. 피가 전혀 섞이지 않았지만, 서로를 '이웃사촌'으로 불렀습니다. 그리고 한마을에 산다는 이유만으로 인사를 하며 지냈습니다. 한마을 안에 지내며 드리는 인사는 예절로만 그치지 않았습니다. 그 안에는 돌봄이 강하게 들어 있었습니다. 매일 아침 집 밖에 나가면 서로서로 인사를 합니다.

"안녕하셨어요?"

"식사는 하셨어요?"

"오늘 몸이 편찮으신 것은 아닌가요?"

"오늘 안색이 안 좋아 보이세요."

"오늘 기분 좋은 일이 있으신가 봐요"

"요새 영철이가 보이지 않네요. 무슨 새로운 일 시작했어요?"

"어제 감기로 크게 아프셨다고 하던데 지금은 어떠세요?" 등등 개인의 안부와 건강부터 크고 작은 신변의 모든 것을 인사로 물었습니다.

서로의 형편을 모를 수가 없습니다. 이렇게 지내니 모든 것을 공유할 수 있습니다. 옆집에 그릇이 몇 개 있는지, 숟가락이 몇 개 있는지, 무엇을 먹는지까지도 다 알았습니다.

그러했기에 누가 잔치를 한다고 하면 잔치에 필요한 모든 그릇과 숟가락, 젓가락 양념들을 나누어 주기도 하였습니다. 개인이라는 개념은 약했지만, 우리라는 공동체 의식은 높을 수밖에 없습니다. 이렇듯 돌봄의 인사가 활발했던 과거 동네에서는 홀로 지내더라도 결코 소외되지 않았습니다. 모두 관심을 가지며 돌봄의 인사를 전하고 인사를 통해 안 사실을 가지고 서로 어려운 이웃을 돌봤습니다.

이런 동네에서는 청소년들의 일탈도 어려웠습니다. 모든 어른이 일탈하는 청소년을 결코 모른 척하고 지나지 않았습니다. 잘못하는 아이들이 있으면 같은 동네에 산다는 이유로 훈계를 마다하지 않았습니다. 나이가 많든 적든 돌봄의 인사가 끊이지 않았습니다. 심지어 동네 개들도 마을 사람들은 알아보고 인사를 하고 인사를 받았습니다. 그러므로 한 마을은 시간이 지나도 언제나 따뜻한 정이 있는 그리운 고향이 되었습니다.

하지만 이제는 우리의 좋은 전통은 옛이야기입니다. 지금은 옆집에 누가 사는지 잘 알지 못합니다. 혹여 인사를 하고 싶어도 이상하게 생각할까 봐 외면합니다. 간밤에 어느 집에 무슨 사고가 있었는지, 어떤 사건이 있었는지 아무도 알 수 없습니다. 혹시 경찰이 찾아와 사건을 수습할 때야 비로소 무슨 일이 났다는 것을 알게 될 정도입니다.

현대에 살고 있는 우리는 고독합니다. 하지만 이 고독은 우리가 자초한 것입니다. 우리는 누구에게 간섭받는 것도 누구에 대해서 알아야 한다는 것도 싫어합니다. 어느 누가 내 정보를 알고 연락한다면 우리는 놀라서 경찰에 신고할 것입니다. 아무리 한 건물 안에 살고 있다고 하더라도 같은 교회나 같은 회사에 다니지 않는 한, 같은 취미를 갖고 모임에 참석하지 않는 이상 실제로 마주칠 확률은 거의 없습니다. 다들 회사와 집, 개인 활동으로 조용히 다닙니다. 이제는 고독사도 신문에만 나올 놀라운 일이 아닙니다. 우리의 현실이 되었습니다. 돌봐 줄 수 있는 친밀한 가족이 없다면, 혹은 버틸 수 있는 물질이 없다면 이제 우리는 홀로 남을 수밖에 없습니다.

돌봄 인사의 실천

우리는 돌봄의 인사를 어떻게 실천할 수 있을까요? 돌봄의 인사는 그렇게 거창하지 않습니다. 너무 단순합니다. 그럼에도 불구하고 누구나 실천하지 않는 인사이기도 합니다. 누구나 다른 사람에게 관심을 갖고 돌봐야 한다는 것은 큰 부담이 됩니다. 부담을 내려놓아야 합니다. 단순하게 인사해야 합니다. 하지만 우리의 인사에 진심이 들어 있어야 합니다.

돌봄의 인사를 실천함에 있어서 예수님을 빼놓을 수 없습니다. 예수님은 우리를 사랑하심으로 인사를 건네셨고 끝없는 사랑으로 우리를 돌보시고 계십니다. 우리는 그리스도인으로서 예수님께서 전하신 돌봄의 인사를 우리 삶 속에서 실천해야 합니다. 다른 사람들이 왜 당신은 다른 사람으로 인해 수고하느냐고 물으며 돌봄의 인사를 전하는 당신을 이상한 눈으로 쳐다본다 할지라도 우리는 예수님 때문에 바로 이 돌봄의 인사를 계속해야 합니다. 제자가 스승보다 나을 수 없습니다. 예수님께서 우리를 위해 고난 당하셨듯이 우리 역시 주님을 위해 고난당함이 마땅합니다.

우리는 주위의 모든 분에게 돌봄의 인사를 전해야 합니다. 사람들은 우리의 돌봄의 인사에 당황할 것입니다. 요새 이러한 돌봄의 인사를 찾아볼 수 없기 때문입니다. 하지만 이 돌봄에 우리 예수님의 사랑이 있다는 사실을 알게 된다면 비로소 그들은 이 돌봄의 인사에 감명받고 동조하게 될 것입니다.

나오미의 환영과 돌봄 인사

룻기 1장에서 나오미가 자신의 고향에 돌아가는 장면은 이런 면에서 많은 것을 생각하게 합니다. 나오미는 어떤 의미에서 보면 고향을 배신한 사람입니다. 그녀는 다른 사람들이 흉년이 들어 자신의 고향을 힘겹게 지켜갈 때 미련 없이 자신의 고향을 버렸습니다. 그녀는 보다 나은 조건을 가진 먼 타국으로 떠나 그곳에서 10년을 거주했습니다. 아들 둘은 그곳 여인들과 연애하여 결혼하였습니다. 하지만 알 수 없는 이유로 남편이 세상을 떠나더니, 아들 둘 역시 세상을 떠나버렸습니다.

이제 나오미에게 남은 피붙이는 없었습니다. 그녀에게 남은 소망이 더이상 없어져 버렸습니다. 며느리들은 아직 젊고 아이도 없었기 때문에 자신의 삶을 살도록 보내는 것이 옳았습니다. 하지만 며느리 룻은 죽어도 시어머니와 함께하려고 하였습니다. 그녀는 시어머니를 통해 하나님을 만났고 동족의 우상 숭배 하는 삶보다 하나님을 섬기는 삶을 살기를 원했습니다. 룻은 시어머니 나오미를 따라 지금까지 한 번도 가본 적이 없는 시어머니의 고향 베들레헴으로 돌아갑니다.

아마 나오미는 마음속으로 아무도 그들을 환영해 주지 않을 것이라고 생각했을지 모릅니다. 그들은 성공한 것도 아니요, 완전히 망해 당장 하루 생계도 이어 갈 수 없는 극빈자로 돌아왔습니다. 행색도 얼마나 초라했겠습니까? 남편과 두 아들을 잃은 여인의 얼굴이 어떠하겠습니까? 아마 초점 잃은 두 눈이 퀭하니 들어간 파리한 얼굴을 하고 있었을 것입니다. 옷도 아마 남루한 차림이었을 것입니다.

하지만 그들의 걱정과는 달리 동네에 들어간 순간 동네는 활기에 가득 차 있었습니다. 모든 사람이 반갑게 나오미에게 인사를 건넸던 것입니다. 자신을 잊었을 것이라고 생각했는데 그를 보는 모든 사람이 말을 겁니다.

"이이가 나오미냐?"

얼마나 감동이었을까요? 10년이 지나 초라한 행색으로 돌아온 자신을 알아봐 주고, 잊지 않고 이름을 불러주며 일일이 인사를 해주다니요. 인사는 이런 것입니다. 크게 주는 것이 없어도 나를 불러 주고 밝은 얼굴로 맞아 주는 것만으로도 위로가 됩니다. 아무도 나오미를 이상한 사람으로 취급하지 않습니다. 그의 불행을 알게 되었을 때도 동네 사람들은 그를 구박하지 않습니다. 이상한 소문을 만들지 않습니다. 성경에 나타나지는 않았지만 아마 수많은 사람들이 그를 맞이하고 안부를 물으며 그에게 도움을 주었을 것입니다.

그렇습니다. "인사는 돌봄입니다." 만일 동네 사람들이 입으로만 반갑다고 말하며 눈으로 흘기고 있었다면 나오미는 견디지 못하고 바로 그 동네를 떠나야 했을 것입니다. 그랬다면 그녀는 동네 사람들을 평생 마음에 두고 하나님께 탄원했을 것입니다. 하지만 동네 사람들은 그러지 않았습니다. 나오미를 따뜻한 돌봄의 인사로 맞이하고 그녀와 며느리를 동네의 한 일원으로 받아 주었습니다. 수많은 보이지 않는 따뜻한 눈길과 미소와 잔잔한 격려는 그녀로 하여금 다시 회복하여 강건함을 얻을 수 있게 하였습니다.

우리의 적용 : 돌아온 탕자

우리는 이러한 돌봄의 인사로 섬겨야 합니다. 아무리 그의 모습이 초라해 보여도, 과거 수많은 구설수를 일으켰던 사람이라 하더라도 교회에 돌아온 그를 따뜻한 마음으로 받아 주고 돌봄의 인사로 맞이해야 합니다. 이러한 인사는 우리 주님께서 우리에게 명령하시는 바이십니다. 만일 우리가 흔들리지 않고 교회에 있었다는 그 사실 하나만을 가지고 세를 부린다면, 홀로 견디지 못하는 연약한 그분들을 눈총으로 또는 보이지 않는 차별로 괴롭힌다면 우리 주님은 우리의 모든 행동을 기억하시며 마지막 날 우리에게 책임을 물으실 것입니다.

돌아온 탕자의 형을 기억하십니까?(눅 15:11-32) 잃어버린 아들이 돌아온

날 아버지가 그렇게 기뻐하며 모두를 초청한 큰 잔치를 하고 있는데 큰아들은 아버지에게 다가가 자신의 불만을 이야기합니다.

"왜 아버지는 모든 것을 탕진한 아들을 사랑하세요? 제가 지금까지 아버지를 거역한 적이 있습니까? 저에게 염소 새끼라도 주어서 제 친구들하고 잔치하게 하신 적이 있었나요?"

이것은 아버지의 마음을 모르는 어리석은 불만입니다. 하나님은 자녀를 차별 없이 깊이 사랑하십니다. 아버지가 돌아온 탕자를 기뻐하였던 것은 작은아들만을 사랑해서가 아닙니다. 그것은 작은아들이 죽었다가 살아났으며 잃었다가 다시 얻었기 때문입니다. 혹시 우리가 큰아들과 같은 그러한 모습을 가지고 있지 않습니까? 하나님께서 다른 사람을 더 사랑한다고 불만을 토하고 계시지 않습니까? 하나님은 잃었다가 다시 얻은 그 사람을 기뻐하십니다. 모든 사람과 함께 다시 얻은 새 생명을 기뻐하기를 원하십니다.

우리는 조건 없이 맞아주며 돌봄의 인사로 섬겨야 합니다. 돌봄의 인사는 연약한 사람에게 힘을 주며, 다시 일어설 수 있는 용기를 줍니다. 우리가 물질로 연약한 분들을 섬김에 앞서 먼저 생각해야 할 것은 돌봄의 인사가 먼저 필요하다는 사실입니다.

'돌봄의 인사'는 연약한 자가 가진 진정한 필요에 합당한 인사입니다. 나오미에게 가장 필요한 것은 무엇입니까? 그것은 조용한 미소와 밝은 목소리로 맞아 주는 것입니다. 밝게 맞아 주는 것이 아무것도 아닌 것 같이 보이지만 그렇지 않습니다. 나를 환영해 준다는 그 분위기를 느끼고 싶어 하는 것입니다. 누구나 마찬가지입니다.

"우리는 당신을 잊지 않았습니다."

"우리는 당신을 환영하고 사랑합니다."라는 모습이 분위기에서 나타나야 합니다. 그럴 때 그는 이곳에서 평안과 안전을 그리고 하나님의 사랑을 발견하게 될 것입니다.

돌봄의 인사를 나눕시다! 새로운 이웃에게 돌봄의 인사를 나눕시다! 상처를 입고 낙심한 이웃에게도 환한 미소로 돌봄의 인사를 나눕시다. 하나님은 당신이 나눈 돌봄의 인사를 하나님을 위해 귀한 사명을 수행하고 있는 것으로 인정하실 것입니다.

진짜 가치와 아름다움을 알게 하는 인사

저는 시력이 몹시 나쁩니다. 한쪽은 안 보이고 한쪽은 겨우 0.3 정도밖에 되지 않습니다. 그래서 인사를 할 때 가끔 난처한 일이 생깁니다. 초등학교 교장으로 재직하다가 은퇴를 하였고 더구나 교회를 다니기 때문에 누구보다 인사할 일이 많습니다. 학교와 교회는 그냥 인사만 나누면 되지만 문제는 밖에서입니다.

어떤 사람이 저에게 인사를 합니다. 하지만 저는 눈이 나쁘다 보니 그 사람의 인사를 보지 못할 때가 많습니다. 혹시 보았더라도 정확히 누구인지를 알지 못하여 형식적으로 인사를 받게 됩니다. 아마 그 사람은 결국 저를 거만한 사람으로 여기거나 '저 사람이 왜 저래?' 할 것입니다.

어떤 때는 제가 잘 아는 사람으로 알고 어깨를 치며 인사를 건넸는데 당황스럽게 제가 아는 사람이 아닐 때도 있습니다. 그 사람은 저를 보며 "누구세요?" 또는 "저를 아세요?"라고 묻습니다. 당혹스럽기 이를 데 없습니다.

그것뿐이 아닙니다. 어떤 낯선 사람이 저에게 인사를 해서 우리 교인인가보다 생각하고 "아 안녕하세요?"하고 인사를 받는데 그 사람은 저에게 인사를 한 것이 아니라 제 옆에 있는 다른 사람에게 인사를 한 것입니다. 이럴 때는 쥐구멍에라도 들어가고 싶습니다.

어려서부터 눈이 나빠 이런 실수를 많이 하다 보니 또 실수하면 어떡하나 하는 생각에 자연히 제 인사는 자신이 없어졌습니다. 명쾌한 인사를 하지 못하고 쭈뼛거립니다. 그렇다고 인사를 안 하고 살 수도 없어 제게는 큰 고민입니다. 사람들에게 "저는 시력이 좋지 않습니다."라고 일일이 설명할 수도 없습니다. 하지만 목사님께서 인사를 강조하시고 우리 교회 표어도 "인사만 잘해도 먹고는 산다" 이기에 용기를 내서 이렇게 마음먹었습니다.

"그래, 이렇게 하자. 아니 인사하다가 실수 좀 한들 뭐가 그리 대수인가.

'아, 실례했습니다. 제가 눈이 나빠 미처 몰라봤습니다.'

또는 '아이고 실례했습니다. 제가 잘 아는 분인 줄 알았네요…. 제 친구와 많이 닮으셨네요.' 하면서 신나게 인사하자. 어차피 인사는 좋은 거니까. 인사는 가치 있는 거니까. 인사는 아름다운 거니까."

이렇게 마음먹고 나니 마음도 편하고 인사도 자연스러워졌습니다. 저의 삶이 인사 때문에 자신감과 감사함이 넘치게 되니 이보다 더 좋을 수가 없습니다.

김용기 장로

7
인사는 최고의 리더십입니다

여호와께서 그가 보려고 돌이켜 오는 것을 보신지라 하나님이 떨기나무 가운데서 그를 불러 이르시되 모세야 모세야 하시매 그가 이르되 내가 여기 있나이다 하나님이 이르시되 이리로 가까이 오지 말라 네가 선 곳은 거룩한 땅이니 네 발에서 신을 벗으라 (출 3:4-5)

제가 교인들에게 자주하는 말이 있습니다. 그것은 "인사만 잘해도 먹고만 사는 정도가 아니라 인생이 바뀔 수 있다." 그리고 "인사만 잘해도 인생 최고가 될 수 있다."는 것입니다. 이것은 인사가 인생을 바꾸는 결정적인 수단이요, 리더에게는 최고의 리더십을 제공하는 결정적인 근거입니다.

리더십에 대한 정의는 시대가 변함에 따라 많은 변화를 겪어 왔습니다. 과거에는 타고난 신분과 능력 그리고 재능에 의지하여 한 사람의 리더십을 판단했습니다. 그렇기 때문에 성공한 리더가 어떤 사람인지 과거를 살피는

데 많은 힘을 기울였습니다. 그 사람은 어떤 집안에서 태어났고, 재능은 무엇인지, 받은 교육은 무엇인지 이런 세밀한 하나하나를 계산하여 리더십을 이해했습니다. 하지만 이제는 리더십에 대한 정의가 바뀌었습니다. 앞에서 군림하는 리더십을 중요하게 생각했던 데 비해, 지금은 협력하여 각자가 가진 능력을 최대치로 끌어낼 수 있는 리더십을 중요시합니다. 이것을 바로 소통의 리더십이라고 부릅니다. 소통하는 리더야말로 공동체가 하나 될 수 있는 응집력을 발휘할 수 있기 때문입니다. 소통의 리더십은 팀원들의 어려움을 살펴보며 그들을 격려하고, 목표를 향해 나갈 수 있는 동기를 제시하는 데 가장 큰 강점을 가지고 있습니다. 감정과 공감을 중시하는 현대 사회에서 소통은 지도자와 팀원을 연결하는 중요한 다리가 됩니다. 소통이 무너지면 팀원들의 공감을 끌어내지 못하고 감정적으로도 불편한 관계가 지속되게 합니다.

저는 미래 우리가 나아가야 할 최고의 리더십을 인사라고 생각합니다. 그것은 인사 안에 소통과 공감이 들어 있기 때문입니다. 모세의 삶을 통해 인사의 리더십을 살펴보고자 합니다.

모세 : 인사 리더십의 모범

모세의 일생을 한마디로 정의하면 '하나님의 은혜'입니다.

애굽 왕 바로는 종으로 있었던 이스라엘 사람들을 향해 "아들이 태어나거든 나일 강에 던지고 딸이거든 살려두라"(출 1:22)고 명령하였습니다. 모세의 부모님은 아들 모세를 낳고 고민하지 않을 수 없었습니다. 부모는 석 달을 숨기다 어쩔 수 없이 아이를 갈대 상자에 담아 나일 강에 띄워 보냈고 하나님은 그를 바로의 딸의 눈에 띄게 하셔서 궁궐에서 왕자로 성장할 수 있게 하셨습니다.

모세는 장성하였지만 그의 마음속에는 언제나 동족 이스라엘이 있었습니다. 그들을 구하는 것이 그의 평생소원이 되었습니다. 그러기 위해서 그는 이스라엘 백성들에게 리더십을 인정받아야 했습니다. 그는 자신이 받은 교육과 신분 그리고 능력을 십분 발휘하여 백성들에게 인정받고자 하였습니다. 하지만 백성들은 그의 리더십을 인정하지 않았습니다. 오히려 그가 숨기고자 했던 일을 고발함으로 더 이상 그들 앞에 있지 못하게 했습니다. 그는 이 사건으로 인해 광야로 도망하여 40년의 긴 세월을 숨어 지내야 했습니다. 모세는 이스라엘을 구원하는 지도자로서의 꿈을 접어야 했습니다.

하지만 그의 삶에 놀라운 변화가 일어났습니다. 그것은 바로 하나님께서 그에게 나타나셔서 모세를 부르시고 인사를 나누심으로 시작되었습니다. 하나님을 대면하게 된 모세는 자신을 알고 부르시는 하나님께 놀라게 됩니다.

거룩하신 하나님 앞에 선 모세는 드디어 리더로서의 새로운 출발을 할 수 있게 되었습니다. 하나님은 모세에게 이스라엘 백성들을 사랑하는 하나님의 마음을 보여주셨고, 그가 맡아야 할 사명을 설명해 주셨습니다. 하지만 그는 이미 한 번의 실패로 지도자로서의 리더십을 잃었던 자였습니다. 감히 자신이 그 일을 감당할 수 있다고 자신할 수 없었습니다. 하나님은 그를 위로하시고 함께하심을 약속하셨습니다. 뿐만 아니라 도울 수 있는 자를 붙이시고, 강력한 훈계로 그가 이 사명을 감당하도록 하셨습니다.

모세에게 이스라엘 백성들은 두려움 그 자체였습니다. 그는 자신이 가진 조건과 능력으로는 백성들과 제대로 소통할 수 없었습니다. 모세의 소통의 근원은 바로 하나님이셨습니다. 하나님은 그에게 하나님께서 그를 택하시고 보내셨음을 이적을 통해 확인시켜 주셨고, 이것이 그에게 하나님과 소통하고 있는 근거가 되었습니다. 백성들은 하나님과 소통하고 있는 모세를 보며 그의 리더십을 인정하고 따랐습니다.

모세는 언제나 하나님과 소통하며 백성들을 리드하였습니다. 그가 얼마나 커다란 마음으로 백성들을 포용하였는지 모세에 대한 성경의 평가는 '온유함이 지면의 모든 사람보다 더하였다'(민 12:3)였습니다. 모세는 자신의 리더십에 흠집을 내려는 공격에도 분노하지 않았습니다. 오히려 그를 염려해 주고 그에게 인사함으로 자신의 진심을 전했습니다. 하나님은 이러한 모세를 인정하셨습니다. 백성들도 모세의 모습 가운데 겸손과 진정성을 보았기 때문에 그가 전하는 인사를 통해 모두 그의 리더십을 인정하였습니다.

모세는 이처럼 인사의 리더십의 겸손함으로 이스라엘 백성들을 인도하여 결국 가나안 땅까지 갈 수 있게 하였고 그의 후임 여호수아에게 그 임무를 넘길 수 있었습니다.

인사 리더십의 적용

인사의 리더십은 우리 삶에서도 동일하게 적용됩니다. 인사로 섬김을 보여 주는 겸손한 리더가 사람들에게 호감을 사는 것은 너무나 당연합니다. 팀원들에게 먼저 웃으며 인사하는 리더에게 마음의 문을 먼저 닫아 버리는 경우는 없습니다. 오히려 그의 인사는 팀원들로 하여금 신뢰를 더하게 하여 소통하게 하는 다리를 제공하게 합니다.

우리가 인사의 리더십을 생각할 때 빼놓을 수 없는 몇 가지 원리는 정복과 겸손입니다. 앞서 강조했던 것처럼 자신이 먼저 다가가는 적극적인 정복의 행동이야말로 인사에서는 필수라고 할 수 있습니다.

인사를 받으려고 하는 리더는 인사 리더십을 발휘한다고 할 수 없습니다. 누가 뭐라고 하더라도, 그가 직분이 아주 낮더라도, 그리고 나이가 어리더라도 먼저 다가가 인사를 할 때 우리는 감동할 수밖에 없습니다.

다음으로 겸손이 인사 리더십의 핵심이라고 말할 수 있습니다. 아무리 윗사람이 먼저 다가가 인사를 하더라도 그에게 겸손이 보이지 않는다면 우리는 그것을 인사 리더십을 발휘한다고 할 수 없기 때문입니다.

평소 팀원들을 홀대하고 겸손하지 않은 리더가 갑자기 인사를 한다면, "갑자기 무슨 꼬투리를 잡으려고 저러지?" 하고 폭력적인 행동으로 이해할 수밖에 없습니다. 결국 그 리더의 인사는 모두에게 불안감만을 주게 됩니다. 반대로 겸손함이 스며 있는 인사는 누가 보더라도 마음을 따뜻하게 합니다. 이런 리더에게 신뢰를 보내지 않을 사람은 없습니다.

인사 리더십은 교회의 섬김에도 분명한 차이를 만들어 냅니다. 교회에서도 먼저 웃으며 다가와 겸손하게 인사하는 분들을 나무라는 사람은 없습니다. 오히려 이렇게 겸손하게 인사하는 분들을 존경하며 그의 말에 귀를 기울이게 됩니다. 아무도 그의 행동을 어리석다고 말하지 않습니다. 그의 행동을 통해 예수님께서 말씀하신 리더십을 떠올리게 될 것입니다.

누구든지 이 어린 아이와 같이 자기를 낮추는 사람이 천국에서 큰 자니라 (마 18:4)

우리의 낮춤은 인사를 통해 나타납니다. 인사는 우리가 만날 때 가장 처음으로 보여 주게 되는 행동입니다. 자신을 낮춰 겸손하게 인사하는 사람이 하나님 나라에서 큰 자라고 인정받는 것은 당연합니다. 이러한 인사의 리더십이 주님께서 우리에게 가르쳐 주신 원리라고 할 수 있습니다.

여러분도 리더십을 인정받고 존경을 받고 싶으십니까? 그러면 먼저 다가가 인사로 정복하십시오. 자존심과 신분과 나이를 버리십시오. 예수님은 섬김을 받기 위해 이 땅에 오시지 않으셨습니다. 섬김을 위해 오신 예수님을 기억하십시오. 주님과 같이 겸손히 섬기며 인사할 때 당신은 분명히 천국에서 인정받는 최고의 리더십을 얻게 될 것입니다.

모세를 기억하십시오. 리더십을 얻기 위해 자신이 가진 모든 것을 내세웠을 때 인정받지 못했지만 하나님을 의지하고 자신의 모든 것을 내려놓고 겸손으로 다가가 백성들에게 인사했을 때 사람들은 그의 리더십을 가장 높은 위치에 올려놓았습니다.

인사 리더십과 라포

인사가 리더십에서 중요한 역할을 하는 또 다른 중요한 이유는 사람들이 인사를 통해서 서로를 파악하기 때문입니다. 인사를 함으로써 소통할 수 있는 사람인가를 결정하고 그와 마음을 나누기 때문입니다. 인사함으로 우리가 나아가지 않는다면 어떤 사람의 마음도 얻을 수 없습니다.

상담자들이 자주 사용하는 용어 가운데 '라포'라는 단어가 있습니다. 이것은 상담자와 내담자 간의 따뜻하고 신뢰의 관계가 형성되는 것을 가리키는 말입니다. 라포는 "다리를 놓는다."라는 의미의 프랑스어로, 서로를 이어 주는 매우 중요한 매개체를 가리키며 신뢰를 나타내는 용어로 사용됩니다.

사건 사고가 많은 의사들에게도 이 '라포'는 매우 중요한 요소입니다. 그것은 의사가 환자와 보호자에게 인사를 하여 서로 라포를 형성하게 되면 혹시 모를 사고에 감정적으로 대응하지 않고 문제를 순서대로 풀어 갈 수 있는 좋은 기회를 제공하기 때문입니다. 이 '라포', 즉 상호 간의 신뢰는 인사를 통해 가질 수 있습니다.

이것은 주로 사람을 대하는 일을 하는 분들 뿐 아니라 사회생활 대부분의 영역에서, 그리고 교회에서도 중요합니다. 인사를 통해 상호 신뢰가 생기게 될 때 서로 결정적인 도움을 주는 무궁무진한 자원이 될 수 있습니다.

인사는 서로를 신뢰로 묶어 주는 라포를 형성하게 합니다. 이는 결국 리더로서 갖추어야 할 가장 중요한 덕목입니다. 인사를 하는 리더에게 팀원들은 라포를 갖습니다. 그를 진심으로 믿어 주고 신뢰하게 됩니다. 이때부터 리더는 팀원들에게 지도자로서 인정을 받습니다.

팀원은 리더에게 자신의 감정을 공유하고 공감을 표시합니다. 그리고 리더가 제시하는 목표에 협력으로 함께할 수 있습니다. 인사에는 우리가 꿈꾸는 비전이 들어 있습니다. 우리는 인사를 나눔으로 함께 비전을 나눌 수 있습니다.

인사를 하십시오. 인사는 당신에게 새로운 기회와 관계를 위해 놀라운 비전을 줄 것입니다. 또한 당신의 인사는 당신에게 새로운 리더십, 지도력을 발휘할 수 있게 할 것입니다. 문제가 막혀 길이 보이지 않을 때도 당신의 인사가 새로운 해결책으로 다가오게 될 것입니다. 주님은 당신의 인사를 통해 역사하시기 때문입니다.

"인사는 최고의 리더십입니다."

인사는 학교도 변화시킵니다

　오늘의 동탄시온교회는 목사님께서 만드신 "인사만 잘해도 먹고는 산다"라는 표어와 같이 누구를 만나든지 인사를 잘하는 밝고 건강한 교회입니다.

　예전에는 교회에서 안면이 없는 분들을 보면 그냥 지나쳤던 저도 이제는 만나는 사람마다 편하게 인사를 잘합니다. 뿐만 아니라 인사가 습관이 되어 제가 사는 아파트 엘리베이터 안에서도, 그리고 관리실 분들을 만나도 어렵지 않게 인사를 할 수 있습니다.

　사실 저는 학교에서 학생들을 가르쳐 왔던 교사로, 인사를 잘하는 것이 인성교육의 첫걸음이라는 사실을 늘 마음에 가지고 있으면서도 학생들에게 적극적으로 인사에 대해 지도하지는 못했던 것 같습니다. 그러던 중 처음에는 잘될까 했던 전 성도 인사하기 프로젝트가 불길같이 번져 이제는 우리 교회가 인사를 자연스럽게 하는 교회가 되었습니다.

　저는 교회에서의 인사가 성도들의 관계를 더 좋아지게 하고, 더 따뜻하게 변화시키는 것을 보며 학교에서도 이와 같은 프로젝트를 진행하여 행복한 학교를 만들어야겠다는 결심을 하였습니다.

먼저 등굣길, 그리고 학교 곳곳에 "인사만 잘해도 먹고는 산다", "인사만 잘해도 행복해진다", "인사만 잘해도 최고가 될 수 있다" 등 교회 표어 공모에서 나왔던 문구들을 넣은 실외용 엑스자 배너를 설치하고 학생회를 통해 인사를 잘하는 학교 만들기 캠페인을 갖도록 의견을 모았습니다. 저는 복도에서 인사하는 학생들의 인사를 반갑게 받았습니다. 그리고 인사를 하지 않고 지나가는 학생들에게도 다가가 먼저 인사하기 시작했습니다. 시간이 지나면서 인사를 하는 학생들의 수가 조금씩 늘어가는 것을 느꼈습니다.

어느 개학식 날 왜 인사를 잘해야 하는지, 인사는 어떻게 해야 하는지, 인사를 잘하면 어떤 좋은 결과들을 얻게 되는지 등을 사례를 들어 자세하게 설명하고 함께 인사 연습을 시켰습니다. 그 이후로 복도에서 인사를 하는 학생들이 폭발적으로 늘었고, 학교 분위기는 더욱 좋아졌습니다.

인사 하나로 학생이 변하고 선생님이 변하고 학교가 변하는 모습을 보며 이렇게 쉬운 일을 왜 예전에는 시도해 보지 못했을까 하는 후회가 되었습니다. 학교 폭력이 자주 일어나는 학교 현장에서 인사는 학교 폭력을 줄일 수 있는 방법 중 하나가 될 수 있고, 학생과 학생 그리고 학생과 선생님 그리고 선생님과 선생님 간에 보이지 않는 벽을 허물어 함께 더불어 살아가는 행복한 교육공동체를 만들 수 있는 아주 간단한 방법이었습니다.

　동탄시온교회에서 믿음 생활을 하지 않았다면 그리고 "인사만 잘해도 먹고는 산다"를 끊임없이 외치시던 목사님을 만나지 못했다면 저 자신도, 제가 근무하고 있는 학교도 이렇게 변화시킬 수 없었을 것입니다. 인사를 통한 좋은 교회, 건강하고 행복한 교회 만들기 프로젝트의 마음을 우리 모두에게 주신 하나님께 감사드립니다.

박삼화 권사

(○○○ 중학교 교감)

신뢰를 만드는 첫걸음, 인사

저는 동탄시온교회에 나온 지 한 달이 채 안 됩니다. 처음에 교회 예배당에 걸려 있는 "인사만 잘해도 먹고는 산다"라는 현수막을 보고 신선한 느낌을 받았습니다. 교회에는 보통 성경 구절이 표어로 제시되기 마련인데, 회사 상사나 학교 선생님께 들을 만한 생계유지형 생활구문처럼 느껴졌기 때문입니다. 내용이 단순하고 약간 우습게도 느껴질지 모르지만 '그 말이 진리구나.'라는 생각에 무릎을 자동적으로 치고 말았습니다.

저는 대학병원 외과의사입니다. 요즘 의료진과 환자, 보호자 사이의 신뢰는 예전과 달리 좋지 않습니다. 병원과 의과대학에서도 젊은 의사들과 의대생들에게 지식과 실력을 쌓는 것보다 환자, 보호자와의 '라포'(Rapport/의사와 보호자 간의 인사로 맺어지는 관계) 형성이 오히려 더 중요하다고 가르칩니다.

의사와 환자 사이의 친밀감을 만드는 라포 형성은 실제로 의료사고도 원만하게 해결하게 만들고, 혹시 의료소송으로 가게 되는 사건이 발생했을 경우에도 이런 것들을 막아 주는 중요한 역할을 합니다. 인사에서 시작하는 작은 행동 하나가 서로의 마음을 녹이고 이해하게 만드는 인간관계를 만드는 첫걸음이 된다는 것을 하근수 목사님은 아신 것 같습니다. 겸손한 마음으로 이웃을 사랑하라는 예수님의 말씀을 알기 쉽게 성도들에게 가르치시려는 목사님의 겸손하고 실용적인 목회철학을 교회 표어에서 알 수 있었습니다.

박경호 집사

(○○대학병원 외과의사)

8
인사는 사랑입니다

저녁 잡수시던 자리에서 일어나 겉옷을 벗고 수건을 가져다가 허리에 두르
시고 이에 대야에 물을 떠서 제자들의 발을 씻으시고 그 두르신 수건으로
닦기를 시작하여 시몬 베드로에게 이르시니 베드로가 이르되 주여 주께서
내 발을 씻으시나이까 예수께서 대답하여 이르시되 내가 하는 것을 네가 지
금은 알지 못하나 이 후에는 알리라 (요 13:4-7)
내가 주와 또는 선생이 되어 너희 발을 씻었으니 너희도 서로 발을 씻어 주
는 것이 옳으니라 내가 너희에게 행한 것 같이 너희도 행하게 하려 하여 본
을 보였노라 (요 13:14-15)

    일반적으로 인사를 말할 때 '인사는 사랑이다'라고 하지는 않습니다. 그
것은 인사가 다른 사람을 섬기는 예절로 이해되기 때문입니다. 하지만 인
사에 관심과 소통과 겸손과 돌봄이 있음을 고백한다면 당연히 그 인사에 사
랑이 빠질 수 없습니다. 그것은 사랑이 모든 은사의 절정이기 때문입니다.
사랑이 없으면 그 인사에 사람을 살리는 생명력이 있다고 할 수 없습니다.

사랑 안에 생명을 살리는 핵심이 담겨 있습니다. 그렇기 때문에 저는 '인사는 사랑입니다'라고 정의를 내립니다.

진정한 인사 : 사랑

우리가 만일 동료라고 하면서 그 안에 시기와 질투를 가지고 있다면 우리는 진정한 의미에서 인사하는 사이라고 할 수 없습니다. 그것은 매일 지나치며 건네는 인사의 말들이 결국 허위가 되기 때문입니다. 우리가 사랑 없이 말로만 '잘 지내셨어요?', '좋은 아침입니다.'라고 말을 건넨다고 인사하는 사이라고 말할 수 없습니다.

사랑이 없는 인사를 우리는 가식이라고 말합니다. 아무리 밝게 웃어도 그 속에 미움이 있다면 그것은 가식입니다.

예수님은 외식하지 말 것을 경고하셨습니다.

긴 옷을 입고 다니는 것과 시장에서 문안 받는 것과 회당의 높은 자리와 잔치의 윗자리를 원하는 서기관들을 삼가라(막 12:38-39)

예수님께서 서기관들을 대표적인 외식자로 지적하셨던 이유는 그들 마음에 사랑은 없고 교만만이 가득했기 때문입니다. 예수님은 그들이 입은 옷부터 지적하셨습니다. 그들은 언제나 긴 옷을 입고 다니는 자들이었습니다. 예수님께서 바로 그 긴 옷을 지적하셨습니다. 보는 사람으로 하여금 그가 거룩하며 학식이 뛰어나다는 느낌을 갖도록 만드는 옷이었습니다. 옷 자체로 자신은 거룩하며 뛰어나다는 느낌을 전하였습니다. 오늘날로 빗대면 평소에 남들이 전혀 가지고 있지 않은 박사 가운을 평상복으로 입고 다니는 것과 같습니다.

그들은 언제나 자신들이 다른 사람들과 다르다는 사실을 알리기 원했고 존경받기를 원했습니다. 사람들은 옷차림으로 그들이 서기관들이라는 것을 알아보았고 그들에게 인사로 존경을 표시했습니다. 그들은 일부러 사람들이 많이 다니는 시장을 다녔습니다. 수많은 사람들이 앞다투어 자신에게 인사하는 것을 보기 위해서입니다. 그들은 모임에서 언제나 높은 자리에 앉았습니다. 그들은 그 자리가 언제나 자신을 위해 예비된 것으로 여겼습니다.

이들은 결코 사랑의 인사를 실천하는 사람이라고 할 수 없습니다. 그들은 인사만 바라는 외식으로 가득 찬 사람이었습니다. 그들이 받은 인사는 진정한 인사가 아닙니다. 그들은 교만했으며 가식과 허위를 즐겼던 것입니다.

남에게 인사 받기만을 좋아하는 것을 자기만족의 인사라고 할 수 있습니다. 우리 주님은 이들을 주의하라고 말씀하셨습니다. 이러한 주의는 그러한 사람을 피하라는 것뿐 아니라, 우리도 그러한 사람이 되지 말라는 강력한 경고이기도 합니다.

만일 우리도 겉으로만 다른 사람들에게 안부를 전하는 행동을 한다면, 서기관들과 다를 바 없습니다. 다른 사람의 관심과 인사 받는 것을 즐긴다면 이 또한 서기관들의 행동이라고 할 수 있습니다. 하지만 우리 마음 깊은 곳을 들여다볼 때 우리에게도 이렇게 인정받고자 하는 마음과 겉으로만 인사하려는 외식의 마음이 있음을 고백하게 됩니다. 만일 우리가 아무런 가책 없이 이러한 인사를 즐기며 시행하고 있다면 어쩌면 주님이 가장 싫어하는 사람으로 책망 받게 될지도 모릅니다.

인사의 본을 보이신 예수님 : 제자들의 발을 씻기심

예수님은 이렇듯 외식으로 가득한 우리에게 참된 인사의 본을 보여 주셨습니다. 이러한 가르침은 제자들의 발을 씻기셨던 예수님의 행동에서 찾아볼 수 있습니다. 예수님은 제자들을 끝까지 사랑하셨기에 그들에게 평생 잊을 수 없는 가르침을 주고자 하셨습니다.

유월절 전에 예수께서 자기가 세상을 떠나 아버지께로 돌아가실 때가 이

른 줄 아시고 세상에 있는 자기 사람들을 사랑하시되 끝까지 사랑하시니라 (요 13:1)

예수님은 곧 고난과 죽음을 앞두고 계셨습니다. 이대로 제자들을 두었다가는 그들이 커다란 어려움을 겪게 될 것은 너무나 당연한 일이었습니다. 예수님은 제자들이 앞으로 겪게 될 고난과 그들이 이겨 내야 할 많은 시험들을 생각하셨을 것입니다. 그리고 제자들에게 가르치셔야 할 가장 중요한 것에 관해 고민하셨을 것입니다. 만일 이전과 같이 제자들이 서로 누가 큰가 하며 다투고 시기한다면 그들은 앞으로 다가올 수많은 고난을 이겨 낼 수도, 앞으로 담당해야 할 복음의 귀한 사명도 감당할 수 없게 될 것입니다.

사탄은 우는 사자처럼 제자들을 삼키기 위해 으르렁거릴 것이며, 수많은 유혹들은 그들의 마음을 뒤흔들 것입니다(벧전 5:8). 이들의 마음을 잡아 줄 수 있는 것은 무엇일까요? 그것은 바로 사랑으로 서로 섬기는 것입니다. 예수님은 이것을 가르치고자 하셨습니다.

예수님은 저녁을 먹은 자리에서 일어나셨습니다. 그리고 겉옷을 벗으셨습니다. 제자들은 예수님의 행동을 어리둥절하며 지켜보았습니다. 예수님은 곧 나가서서 수건을 허리에 두르고 대야에 물을 떠서 가져오셨습니다. 모두가 예수님의 행동에 놀랐습니다. 이것은 종이나 하는 행동이었습니다.

예수님은 제자들에게 명령만 하셔도 되었습니다. "네가 제일 나이가 어리니까 모두의 발을 씻겨라."라고 말입니다. 하지만 예수님은 이 낮은 일을 본인이 직접 시행하셨습니다. 모두가 당황했습니다. 심지어 베드로는 직접 나서서 자신의 발을 절대로 씻을 수 없다고 버티기까지 하였습니다. 하지만 예수님은 자신이 직접 씻어 주어야 상관이 있다고 하시며 발을 씻어 주셨습니다. 예수님께서 정작 하시고 싶었던 것은 마지막 말씀입니다.

> 내가 주와 또는 선생이 되어 너희 발을 씻었으니 너희도 서로 발을 씻어 주는 것이 옳으니라 내가 너희에게 행한 것 같이 너희도 행하게 하려 하여 본을 보였노라(요 13:14-15)

선생님 되신 예수님께서 발을 씻어 주신 것처럼 서로 섬김으로 사랑을 행하라고 하셨습니다. 예수님의 발 씻기심을 경험한 제자들의 마음은 어땠을까요? 아마 이전에 서로 다투었던 일들이 부끄러움이 되었을 것입니다. 얼굴까지 빨개져서 감히 예수님께 어떤 이야기도 드릴 수 없습니다. 이 사건은 예수님께서 십자가에 달려 죽으셨던 순간에도 머릿속에서 떠나지 않았을 것입니다. 예수님께서 부활하시고 후에 다시 승천하신 후에도 이 사건은 마음 깊이 자리 잡아 제자들이 더 이상 다툴 수 없는 근거가 되었습니다. 또한 예수님을 따라 겸손히 서로 섬기며 사랑의 인사를 전하는 제자가 되게 하였습니다.

사랑의 인사를 전하라

사랑의 인사를 전하는 것은 바로 예수님께서 제자들의 발을 씻기심의 본을 따르는 것입니다. 그것은 자신을 낮춰 전하는 사랑이 그 안에 들어 있기 때문입니다. 우리가 인사를 잘 하는 사람을 언제나 예의 바르고 겸손하다 생각하는 이유도 동일합니다. 인사를 위한 기본자세는 자신을 낮춤입니다. 또한 사랑이 그 근거입니다. 우리는 다른 사람을 사랑하지 않고 인사를 전할 수 없습니다. 그것은 오직 자신만을 사랑하는 사람이 다른 사람에게 사랑의 인사를 하지 못하는 것과 같은 이치입니다.

우리는 사랑의 인사를 언제나 우리보다 높은 지위, 높은 연령, 높은 학식, 높은 경제력, 높은 성품을 가지고 있는 분들에게 하는 것이라 할 수 없습니다. 어쩌면 여러분들이 사랑의 인사를 전해야 할 대상이 여러분보다 훨씬 더 낮은 위치에 있을 수도 있습니다. 나이도 어리고, 직급도 낮을 수 있습니다. 학식도 경제력도 성품도 여러분보다 못할 수 있습니다. 그럼에도 그들에게 사랑의 인사를 전하실 수 있겠습니까?

만일 그들에게 결코 고개를 숙이지 않겠다고 반발한다면 지금 수많은 인사를 나누고 있는 여러분의 모습은 가식이요 외식이라고 할 수 있습니다.

그냥 남들 보기 좋으라고 형식적으로 고개를 숙이고 있을 뿐 진정한 사랑의 인사와는 거리가 멉니다. 분명 예수님은 외식하는 자라고 강렬하게 꾸짖으시며 여러분의 모든 행위를 허위라고 하실 것입니다. 예수님을 기억하십시오. 제자들에게 존경과 사랑을 받아야 할 선생님이었던 예수님은 자신을 낮춰 무릎을 꿇고 제자들의 발을 씻기셨습니다. 우리가 당시 그 자리에 있었다면 예수님은 주저하지 않으시고 당신의 발 또한 씻겨 주셨을 것입니다.

사랑으로 인사하십시오

그렇다면 우리는 어떻게 인사해야 할까요? 우리는 예수님을 따라 사랑으로 인사해야 합니다. 오직 겸손한 마음으로 자기보다 남을 낫게 여겨야 합니다(빌 2:3). 우리 속에 예수님의 사랑을 간직해야 합니다. 우리 안에 사랑이 없으면 그것은 참된 인사가 아닙니다. 시기와 질투를 버리십시오. 사랑으로 섬기십시오. 예수님께서 우리를 사랑하심으로 발을 씻기셨던 그 섬김을 기억해야 합니다. 가장 낮은 자세로 사랑을 품으며 인사할 때 우리의 인사는 주님께로부터 사랑의 인사로 인정을 받게 될 것입니다.

제가 집회에 가면 반드시 진행하는 특별한 순서가 있습니다. 저는 그것을 '5분의 기적'이라고 부릅니다. 저는 집회 마지막에 모르는 분과 짝을 짓게 합니다. 그리고 5분 동안 인사를 시킵니다. 이때는 가식 없이 자신이 누구이고 무엇에 관심이 있는지, 어떤 고민이 있는지 말하게 합니다. 그리고 앞으로 불러내서 자신의 파트너가 누구인지 소개하게 합니다. 이때 놀라운 기적이 생깁니다. 서로 간에 쌓여 있던 벽이 허물어지는 것을 경험하게 됩니다. 한 교회를 다니며 같은 하나님을 섬기고 있으면서도 서로 사랑의 인사를 나누고 있지 않았다는 사실은 놀라울 수밖에 없습니다. 그들은 서로 이러한 사실을 뒤늦게 깨닫게 됩니다.

한번은 목동 한사랑교회에서 '5분의 기적' 시간을 진행했습니다. 이때 서로 파트너를 만들어 인사를 시켰더니 둘이 갑자기 펑펑 울기 시작하는 것이었습니다. 그래서 불러 사연을 물어보니 그들은 30년간 한 교회를 다녔는데도, 한 번도 말을 해본 적이 없었다는 것이었습니다. 함께 손을 잡고 찬양하는 그 시간은 주님의 사랑이 모두에게 임하는 놀라운 체험의 시간이 되었습니다.

얼마 전 광림교회에서 집회할 때도 그랬습니다. 두 사람씩 짝을 지어서 5분 정도 인사를 한 후에 앞에 나와서 파트너를 소개하는 시간을 가졌습니다. 한 사람은 40년째 광림교회를 다녔고 한 사람은 35년째 광림교회를 다녔는데도 처음 인사를 나누게 되었다고 너무나 좋아하셨습니다.

그렇습니다. 우리는 사랑의 인사를 나눠야 합니다. 더 높고 나은 사람에게만 인사를 하려고 한다면, 반대로 사람들에게 인정받으며 인사를 받으려고만 한다면 우리는 결코 다른 사람들과 교제를 나눌 수 없게 될 것입니다. 가식과 외식을 벗어버리십시오. 그리스도의 사랑을 가지십시오. 그리스도의 사랑과 겸손으로 남을 나보다 낮게 여기며 인사를 전하십시오. 여러분이 진심으로 사랑의 인사를 전하게 될 때 여러분의 교회와 사회는 주님의 사랑으로 가득 넘치게 될 것입니다.

"인사는 사랑입니다."

인사만 잘해도 행복하게 사는 모녀 이야기

엄마 이야기

저는 지금 섬기는 동탄시온교회 하근수 목사님을 만나면서 인사를 잘하는 사람으로 바뀌었습니다. 우리 목사님께서는 '인사만 잘해도 먹고는 산다.'고 말씀하시며 하루에 똑같은 사람을 몇 번을 만나도 반갑게 인사하라고 하셨습니다.

저는 아파트에 살고 있는데 처음 이사 와서는 이웃 간에 너무 어색하고 인정이 없었습니다. 엘리베이터를 기다릴 때나 엘리베이터를 이웃과 함께 탔을 때 그 무겁고 답답한 침묵이 너무 힘들었습니다. 그런데 목사님 말씀에 순종하여 웃으며 '안녕하세요?' 하고 인사를 하기 시작하자 이제는 우리 동 주민들이 거의 다 인사를 하면서 지냅니다. 특히 엘리베이터에서 만났을 때, 같은 동에 사는 이웃이라도 인사를 안 했을 때는 엘리베이터를 타고 있는 그 짧은 시간도 낯설고 불편하지만 인사를 하고 지낸 후로는 함께 타고 있어서 반갑고 기쁘게 되었습니다.

목사님 말씀대로 인사 잘한 덕분에 저는 우리 동에서 칭찬받으며 행복하게 살고 있습니다. '아줌마는 언제나 웃어서 좋아!' '아이가 몸이 아픈데도 언제나 저렇게 밝아!'라고 하면서 덤으로 맛있는 것을 갖다 주시는 분들도 여러분 계십니다.

별다른 노력 없이 인사만 잘하니 저의 이미지도 좋아지고 전도도 됩니다. 그래서 저는 행복합니다. 오늘도 저는 어른 아이 할 것 없이 인사하기에 바쁩니다.

"안녕하세요?"

"안녕?"

딸 이야기

제 딸은 올해 열두 살인데 지적장애와 뇌병변장애를 가지고 있습니다. 게다가 잘 걷지도 못합니다. 오전에는 학교를, 오후에는 치료실을 여기저기 다니다 보니 친구를 사귈 시간도 없고, 친구랑 놀 시간도 별로 없습니다. 그래서인지 올봄부터 부쩍 심심해하고 외로워했습니다.

그래서 치료실 가기 전이나 치료실 다녀온 후 짧은 시간이라도 딸이 심심하지 않도록 집 앞에서 연날리기를 했습니다. 이렇게 우리 딸의 취미는 연날리기가 되었습니다.

처음에는 저와 딸아이 둘이서 연날리기를 했습니다. 그런데 우리 딸이 지나다니는 사람들에게 인사를 하기 시작하면서부터 더 이상 외롭지 않게 되었습니다.

서당개 삼 년이면 풍월을 읊는다고, 하근수 목사님 밑에서 9년이나 인사 훈련을 받았더니 인사를 잘합니다. 지나가는 사람은 남녀노소를 불문하고 무조건 인사를 건넵니다. "안녕!" 그런데 신기하게도 처음 보는 모르는 사람들도 거의 인사를 받아 줍니다. "안녕!"

그리고 무엇보다도 인사를 하면 그 사람들 표정이 바뀝니다. 무표정하게, 때론 차갑고 무뚝뚝하게 지나가던 사람들이 웃으며 진짜 이웃으로 변하게 됩니다. 요즘은 낯선 사람을 조심하라는 교육 때문에 낯선 사람을 경계하는 게 몸에 익숙해 있던 사람들이 그 마음의 빗장을 푸는 것입니다.

때로는 인사뿐만 아니라 함께 연을 날리며 놀아 주는 동생부터 시작해서 어른들은 물론이고, 할아버지, 할머니들도 같이 연날리기를 해줍니다. 때로는 먹을 것을 챙겨다 주는 동생도 있고, 아주머니도 있습니다.

또 우리 딸은 인기를 얻게 되었습니다. 아파트 동 앞에서 연날리기를 하면 지나다니기가 불편할 텐데도 누구 하나 뭐라고 야단치지 않으시고 "오늘은 바람이 불어서 연날리기가 잘되겠구나! 오늘은 바람이 없어서 어떡하나?" 하면서 사랑의 말들을 건네십니다.

동생들은 제 딸을 보면 "연날리기 언니다!" 하며 반가워합니다. 미처 밖에 나오지 못하고 집에 있던 아이들은 창밖으로 외칩니다.

"연날리기 언니~"라고 하면서요.

그래서 인사를 잘한 덕분에 우리 딸은 남녀노소 모두에게 사랑받으며 행복하게 살고 있습니다. 특히 어르신들은 인사를 하면 너무너무 좋아하십니다. 요즘에는 지나가는 어르신들에게 인사하는 사람들이 거의 없어서 그런 것 같습니다.

한번은 상가 주차장에 주차하고 내리는데 다른 쪽에 주차하고 가시는 할머니를 향하여 우리 딸이 "할머니~ 안녕!" 하니까 얼른 달려오시더니,

"요즘 세상에 나 같은 할머니 보고 인사하는 애도 다 있네! 고맙다!"라고 말씀하시더니 장 보시고 가시던 장바구니에서 아이스크림을 꺼내주시며 먹으라고 하셨습니다. 너무 마음이 아프고 감사했습니다. 다시 서로 만나는 사람마다 인사를 나누는 따뜻한 세상이 되었으면 좋겠습니다.

최은하 권사

9
인사는 예배입니다

이로써 네 믿음의 교제가 우리 가운데 있는 선을 알게 하고 그리스도께 이르도록 역사하느니라 (몬 1:6)

인사를 예배라고 말할 수 있는 것은 우리가 인사를 통해 믿음의 교제를 나눌 수 있기 때문입니다. 인사는 성도들이 믿음의 교제를 나눌 수 있도록 하며, 그리스도의 선을 알게 합니다. 그리고 우리로 하여금 믿음이 예수 그리스도께로 이르도록 역사합니다.

우리는 예배를 생각할 때 설교가 모든 것이라고 착각하기도 합니다. 예배란 우리가 예배 시간에 드리는 모든 것을 합하여 하나님께 바쳐지는 것입니다. 우리는 예배를 통해 기도하며 찬양합니다. 말씀을 듣습니다. 그리고 성도와 교제하며 인사를 나눕니다. 이 모두가 합쳐질 때 온전한 예배입니다.

우리 교인들을 보면 바쁜 현대의 일상을 보는 듯합니다. 언제나 바쁘게 어떤 목적을 이루려고만 합니다. 빨리 예배를 마치고 다음 일을 해야 한다고 생각합니다. 하지만 아닙니다. 예배는 예배 참석으로 마치는 것이 아닙니다. 성도의 교제가 예배의 대미를 장식해야 합니다. 짧은 시간일 수 있지만 예배 시간을 마친 후 성도들이 서로 그간의 안부를 묻고 그 이야기를 들으며 서로 관심을 갖는 인사를 나눌 때에야 비로소 우리는 성도의 교제까지 다가간 예배라고 할 수 있습니다.

제가 저희 교회에서 언제나 강조하는 '어정거림'은 바로 이러한 온전한 예배를 위한 인사의 움직임입니다. 성도들 간의 인사는 결코 생략해서도 잊어버려서도 안 되는 가장 중요한 사항임을 잊어서는 안 됩니다.

예배의 핵심 요소 : 인사

성도의 교제가 과연 예배 끝난 후 우리가 잠시 진행하는 악수에 모두 들어 있다고 말할 수 있을까요? 그렇다면 우리는 예배에서 인사를 강조하지 않을 것입니다. 본 장에 중심 구절로 소개된 빌레몬서는 일반 서신과는 다른 독특함을 가지고 있습니다. 그것은 편지를 쓴 목적이 인사에 있기 때문입니다.

사도 바울은 로마 감옥에서 주인에게 죄를 짓고 도망친 노예 오네시모를 만납니다. 그는 감옥 안에서 사도 바울을 통해 예수님을 만나게 되었습니다. 바울은 오네시모를 '갇힌 중에서 낳은 아들'이라고까지 말할 정도로 애정이 깊었습니다. 하지만 오네시모에게 한 가지 문제점이 있었습니다. 그것은 그가 바로 빌레몬으로부터 도망친 노예였다는 사실입니다. 그는 빌레몬으로부터 용서 받고 노예에서 해방시켜 준다는 증서를 받지 않는 이상 평생을 감옥에서 벗어나지 못하게 될 것입니다. 사도 바울은 그를 불쌍히 여겼습니다. 그래서 그는 빌레몬에게 편지를 보냈습니다. 바울은 오네시모를 위해 빌레몬에게 간구하였습니다. 바울은 오네시모가 자신이 나은 영적 아들이요, 심복이라고 소개하며 그를 용서하고 자신을 섬길 수 있도록 해달라고 요청하였습니다.

결국 사도 바울이 빌레몬에게 전한 인사는 '용서'였습니다. 그에게 큰 손해를 끼친 종을 용서하고 그를 주님을 위해 일할 수 있도록 자유하게 하라는 것이었습니다. 물론 사도 바울의 요청은 빌레몬에게 심한 요청이 될 수 있습니다. 당시 종이 물질의 가치로 여겨졌던 시대였음을 볼 때 그는 주인에게 심한 배신감과 손해를 안겨 준 자입니다. 어떻게 그를 용서하고 손해를 감내할 수 있을까요? 그것은 바로 그리스도의 사랑 때문입니다. 우리를 위해 십자가에 죽으신 예수님을 기억하며 우리도 예수님과 같이 복음을 위해 모든 것을 드릴 수 있어야 합니다. 이러한 용서는 바로 예배의 기본이 됩니다. 우리는 다른 사람을 용서하지 않고 하나님께 예배드릴 수 없습니다.

사도 바울은 빌레몬에게 인사를 통해 용서를 가르치시고 하나님께 진정한 예배를 드릴 수 있는 길을 열어 준 것이라 할 수 있습니다.

예배 인사의 적용 : 화목

우리가 하나님께서 기뻐하시는 예배의 인사를 드릴 수 있는 방법은 무엇일까요? 그것은 성도의 교제로 나누는 인사가 예배의 중요한 부분임을 늘 기억하는 것입니다. 예배 인사는 할 수도 있고 하지 않을 수도 있는 선택의 문제가 아닙니다. 하나님께 예배드리기 위해 나온 모든 성도들은 예배 인사에 참여해야 하는 의무가 있습니다. 성도의 교제는 예배를 통해 하나님께 바쳐야 하는 중요한 예식입니다.

예수님께서 산상수훈을 통해 성도들 간의 화목을 강조하셨습니다.

그러므로 예물을 제단에 드리려다가 거기서 네 형제에게 원망들을 만한 일이 있는 것이 생각나거든 예물을 제단 앞에 두고 먼저 가서 형제와 화목하고 그 후에 와서 예물을 드리라 (마 5:23-24)

하나님은 불화 가운데 드리는 예배는 받지 않으십니다. 그렇기 때문에 예수님은 형제들 가운데 원망 들을 만한 일이 있다면 먼저 화목하고 그 후에 예배를 드려야 한다고 강조하셨습니다.

우리가 화목할 수 있는 방법은 무엇입니까? 그것은 우리가 인사로 먼저 다가가는 것입니다. 불편한 감정은 모두 하나님께 드려야 합니다. 하나님 안에서 형제를 용서해야 합니다. 사도 바울이 빌레몬에게 요청했듯이 손해가 되더라도 주님을 위해 받아 주고 용서해야 합니다. 그럴 때 우리는 하나님께 온전한 예배를 드릴 수 있게 됩니다. 그렇기 때문에 우리는 인사가 예배라고 할 수 있습니다. 우리가 인사를 통해 형제와 화목할 때 하나님께서 우리가 드리는 예배를 기쁨으로 받으십니다.

예배 시 우리가 나누는 인사를 불편하게 생각해서는 안 됩니다. 우리가 나누는 인사는 예배의 한 부분이요, 하나님께서 기뻐하시는 중요한 요소입니다. 우리가 인사로 하나가 될 때야 비로소 우리가 드리는 예배가 하나님께 상달된다는 사실을 기억해야 합니다.

예배 인사의 실제

우리는 예배 인사를 어떻게 드려야 할까요? 먼저 다가가야 합니다. 인사를 기다리는 것은 예수님께서 우리에게 명한 인사가 아닙니다. 예수님은 먼저 가라고 말씀하십니다. 주저하거나 부끄러워해서는 안 됩니다. 정복을 향해 전진하는 것처럼 나가야 합니다.

또한 인사는 화목하는 것입니다. 인사는 형식이 아닙니다. 손을 맞잡고 흔들었다고 그것을 인사라고 말하지 않습니다. 화목하는 것이 진정한 인사입니다. 서로 막힌 것이 있다면, 서로 불편하게 생각하는 것이 있다고 주님 안에서 고백하며 서로 용서를 구해야 합니다. 그럴 때 우리 하나님은 우리가 드리는 예배에 응답하십니다.

마지막으로 인사의 목적을 기억하는 것입니다. 우리가 예배 인사를 드리는 것은 바로 하나님께 바른 예배를 드리기 위함입니다. 우리의 열린 마음, 화목의 마음을 갖춰 하나님께 예배드릴 때 우리의 예배를 하나님께서 기뻐하시기 때문입니다. 그러므로 우리의 인사는 예배에서 빠져서는 안 되는 요소가 됩니다.

저는 그렇기 때문에 이렇게 여러분께 말씀드릴 수 있습니다.

"인사는 예배입니다."

사람을 살리고 변화시키는 사랑의 몸짓

　우리 동탄시온교회는 모든 차량에 "인사만 잘해도 먹고는 산다"고 쓰여 있습니다. "인사만 잘해도 먹고는 산다!" 낯선 문구에 많은 사람들이 시온교회 승합차를 웃으며 쳐다봅니다. 보통 교회 차는 조그맣게 무슨 무슨 교회라고 차 문 밑이나 위에 쓰여 있습니다. 처음엔 저도 낯설어 '목사님은 참 유치대장이시구나'라는 생각이 들었습니다. 그러나 거기엔 하나님의 뜻이 있었습니다! 우리는 낯선 사람과 인사하는 것이 조금은 부끄럽고 익숙지 않아서 마음과는 달리 여간 쑥스러운 게 아닙니다! 저도 그런 사람들 중 하나였습니다.

　그러나 목사님께서 "전도는 못할망정 교회에 오신 분들 만이라도 인사 잘하고 섬기자." "하다 보면 습관이 자신을 만들어 간다."는 그 말씀대로 이제는 낯선 사람을 보아도 쑥스럽지 않고 자연스럽게 웃으며 인사 나누는 제 자신을 발견하고 '나도 참 많이 변했구나.'라는 생각이 듭니다. 이지아파트에 살 때입니다. 새벽기도를 마치고 걸어오는데 늘 걷던 길에서 벗어나 모교회 뒤쪽 작은 길로 걸어 보고 싶은 마음이 생겼습니다. 주님의 뜻이었을까요?

옛날에 지어진 주택들이 몇 채가 있었습니다! 두 번째 집 뒷마당인 것처럼 보이는 곳에 조그마한 개가 저를 보자 컹컹거리며 본분을 다하고 있을 즈음, 작은 체구의 아주머니가 빗자루로 마당을 쓸고 계시는 모습을 보았습니다.

그냥 지나치기엔 멋쩍어 "안녕하세요? 요 앞 아파트에 사는데요! 새벽기도 왔다가 이쪽 길로 와보고 싶어서요, 참 좋네요!" 그렇게 인사를 건넸더니, "어디 교회 다니세요?" 하며 관심을 보이셨습니다. "예, 센트럴공원에 시온교회라고 있어요! 한번 와 보세요!", "여기서 오래 사셨나요?" 하며 대화가 오고 갔습니다. "저희 집에 차 마시러 오세요." 하고 다음 날 또 만날까 싶어 계속 집 앞을 서성거렸지만 얼굴을 볼 수 없었는데 한 달 후 그 부부를 교회에서 뵐 수 있었습니다!

너무 반가웠고 기뻤습니다! 주님께서 제 마음을 움직이셨던 것입니다. 그냥 지나칠 수도 있었던 그 집이었지만, 세밀한 주님은 저를 그냥 두지 않으셨습니다. 지금 그 부부는 교회에 너무 적응을 잘하셔서 주차요원으로, 교사로 주님을 섬기듯 겸손함으로 섬기고 계십니다. 하나님께서 이 모습을 어찌 기뻐하지 않을까요?

화요일마다 메타폴리스 버스정류장 앞에서 "오늘도 즐거운 하루 되세요!" 하며 웃는 낯으로 인사하며 전도용품과 주보를 나누어 주면 참 많은 사람들이 함께 웃으며 받아 가십니다.

어떤 아주머니가 딸네 집에 오시면서 양쪽에 무거운 보따리를 들고 동을 물어 오기라도 하면 바로 그 동까지 보따리를 들어다 드립니다. 그리고 친절하게 웃으면서 예수님을 믿으시라고 말씀드리면 고맙다고 말씀하십니다.

어떤 분은 외국에서 살다가 오셨는데 교회를 정하지 못하고 있다고, 교회 위치가 어디쯤이냐고 물으시는 적극적인 분도 계십니다. 그때마다 저는 꼭 시온교회 오시라고 웃으며 전합니다. 제가 이렇게 친절하고 반갑게 웃으며 인사하는 것이 나의 삶의 일상이 된 것은 내 안에 주님이 계시기 때문이기도 하지만, 인사와 만남의 중요성을 강조하시는 목사님 때문이 아닐까요?

인사만 잘해도 먹고사는 정도를 넘어, 인사를 잘하는 것이 사람을 살리고 사람을 변화시키는 주님의 사랑의 몸짓임을 느끼며, 이렇게 소중한 깨달음을 주신 하나님께 한없는 감사를 드립니다.

문순자 권사

10
인사는 복음입니다

인자가 온 것은 섬김을 받으려 함이 아니라 도리어 섬기려 하고 자기 목숨
을 많은 사람의 대속물로 주려 함이니라 (마 20:28)

　　인사와 복음이 어떻게 관계가 있다고 말할 수 있을까요? 어떻게 인사를
복음이라고까지 말할 수 있을까요? 인사에 그렇게 깊은 뜻이 숨어 있을 수
있을까요? 만일 우리가 인사를 형식으로만 이해한다면 결코 복음과 인사를
연결시킬 수 없을 것입니다. 하지만 인사를 목적으로 이해한다면 이것은
복음과 밀접하다고 말할 수 있습니다. 그것은 상대방에게 안녕과 평안을
전하는 인사의 목적이, 생명과 평안을 전하는 복음의 목적과 부합되기 때
문입니다. 우리는 인사를 단순히 예절로만 생각하지 않습니다. 인사를 통
해 상대방에게 안녕과 평안을 전하기를 원합니다.

이러한 인사의 목적은 복음과 연결될 때에만 그 목적을 달성할 수 있습니다. 그렇기 때문에 우리의 인사에는 복음이 들어 있습니다. 다시 말해 그리스도와 함께하는 인사입니다.

우리의 인사를 통해 사람들은 예수님을 바라보며, 예수님께서 주시는 참된 생명과 평안을 누릴 수 있습니다. 사람들은 우리가 인사를 전할 때 단순히 인사만 잘한다 하지 않습니다. 우리가 인사를 드릴 때 그가 누구인지 어디에서 나왔는지 그들의 인사에 담겨 있는 진실이 있는지 확인합니다.

우리의 인사가 언제나 진실하며 해하거나 이득을 취하려는 다른 이유가 없음을 알 때 사람들은 우리의 인사를 순수하게 받아들입니다. 그리고 우리 인사 안에 들어 있는 예수님을 발견하게 됩니다. 그리고 인사 가운데 예수님을 묻고 예수님을 가르치는 교회로 나오게 됩니다. 이 모든 것이 인사를 통해 이뤄집니다. 그렇기 때문에 저는 "인사는 복음입니다"라고 말할 수 있습니다. 우리가 전하고자 하는 복음의 최종 목적은 바로 예수 그리스도입니다. 우리가 예수님을 이해할 때 복음과 인사의 의미를 확인할 수 있게 됩니다.

섬김을 위해 오신 예수님

예수님께서 이 땅에 오신 이유는 무엇입니까? 예수님은 이 세상에 오신 이유에 대해 섬김 받기 위해서가 아니라 섬기기 위해 오셨다고, 그리고 자신의 목숨을 많은 사람의 대속물로 주기 위함이셨다고 설명하십니다. 그렇기 때문에 예수님은 섬김과 인기에 관심을 두지 않으셨습니다.

실제로 사람들은 예수님을 볼 때 그분에게서 고운 것, 흠모할 만한 그 어떤 것도 찾을 수 없었습니다. 예수님을 외모로만 평가하고 학력과 집안으로 파악하려고 했다면 분명 예수님은 배척받아야 마땅했을 것입니다. 그것은 예수님에게서 매력적인 어떠한 요소도 발견할 수 없기 때문입니다.

예수님은 말씀하신 대로 섬기시려고 이 땅에 오셨습니다. 만일 예수님께서 섬김을 받기 위해 이 땅에 오셨다면 그에 맞는 자격을 충분히 갖추셨을 것입니다. 예수님은 좋은 가문, 화려한 학벌, 최상의 외모, 넉넉한 재물, 탁월한 말솜씨와 외교술 무엇 하나 부족하지 않게 갖추실 수 있었습니다.

예수님은 하나님의 아들이셨기 때문에 이 모든 것이 결코 불가능한 것이 아닙니다. 만약 이러한 조건을 갖추셨다면 분명 예수님은 대제사장과 바리새인과 사두개인 그리고 서기관들에게 영웅이 되셨을 것입니다. 그들은 예수님 앞에서 서로 충성을 다짐하며 온갖 아양을 떨었을 것입니다. 거기다가 예수님께서 군사력과 정치력까지 확보하셨다면 모든 사람들은 예수님을 바라만 봐도 한번에 반해 눈물을 흘렸을 것입니다. 아마 무릎이 다 까질 정도로 절을 하였을지 모릅니다. 예수님의 부귀영화가 만일 하늘을 찌를 정도였다면 예수님을 사랑한다는 사람들의 인파는 계산할 수 없을 정도로 많았을 것입니다.

하지만 예수님은 세상의 섬김을 거절하셨습니다. 예수님은 하나님의 독생하신 아들이심에도, 폭풍우도 잠잠케 하는 권능을 가지고 계셨음에도, 모든 병든 자를 고치고 이적을 행하심에도 불구하고 세상의 매력적인 모든 요소를 버리시고 섬기기 위해 가장 낮은 모습으로 오셨습니다. 이러한 모습을 본 세상의 권력자들은 예수님을 우습게 보았습니다. 예수님의 섬김을 아무것도 아닌 것으로 여겼습니다.

사람들은 예수님이 섬김 받는 위치에 올라가기를 바랐습니다. 예수님께서 떡과 물고기로 수많은 사람들을 먹이셨을 때 그들은 자신들의 힘으로 예수님을 섬김 받는 위치에 올리고자 하였습니다. 하지만 예수님은 그들로부터 피하셨습니다. 예수님은 권력을 탐하는 자들을 외식하는 자들이라고 신랄하게 비판하셨습니다. 예수님은 결코 그들의 자리에 앉지 않으셨습니다. 그것은 바로 예수님께서 세상에 오신 이유가 아니었기 때문입니다.

세상은 점점 예수님을 멀리했습니다. 심지어 자기 백성들조차 예수님을 영접하지도 이해하지도 못했습니다. 사람들은 예수님의 복음에 관심을 갖지 않았습니다. 오히려 그를 핍박했고 십자가에 못 박았습니다. 하지만 예수님은 십자가에서 승리하셨습니다. 하나님의 구원 계획을 십자가에서 완성하셨던 것입니다.

복음과 인사

우리가 복음과 인사를 함께 말하고자 하는 것은 인사의 중심에 예수님이 계시기 때문입니다. 예수님은 결코 섬김을 받기 위해 이 땅에 오시지 않으셨습니다. 우리는 예수님을 본받아 섬김을 받기 위함이 아니라 섬기기 위해 인사를 드립니다. 우리의 인사에 사람들이 집중하게 될 때 그들은 섬김의 아름다움, 즉 예수님을 보게 됩니다.

사람들의 섬김을 충분히 받으실 수 있었던 예수님께서 모든 조건을 버리시고 섬김의 낮은 자리에 내려왔듯이 우리도 낮은 자리로 내려와야 합니다. 그럴 때 우리는 인사 안에 들어 있는 복음의 진리를 모두에게 보일 수 있습니다.

우리가 인사를 드리며 실망하지 않는 이유는 우리가 전하는 인사를 우리 주님께서 알아주시기 때문입니다. 주님은 우리가 인사로 당하는 모든 고난에 함께 하시며 인사를 통해 전해지는 주의 복음을 기쁨으로 바라보십니다. 그리고 우리가 용기를 잃지 않도록 기도해 주시며 모든 고난 중에 함께 해 주십니다. 성령님은 우리와 함께하시면서 우리에게 힘을 주십니다. 그렇기 때문에 우리는 복음의 인사를 전할 수 있습니다.

복음의 용기

　복음의 인사에 언제나 기쁨만이 있다면 얼마나 좋을까요? 예수님은 세상 사람들에게 사랑받지 못하셨습니다. 핍박을 당하셨습니다. 우리는 예수님의 제자들로서 이러한 예수님을 기억할 때 우리가 언제나 큰 기쁨 가운데만 거한다고 할 수 없습니다. 복음의 인사에는 고난이 따릅니다. 그것은 예수님께서 복음의 인사 가운데 고난을 당하셨기 때문입니다.

　예수님께서 회당에 들어가셨을 때의 일입니다(마 12:9-13). 거기에는 손 마른 사람이 있었습니다. 이날은 바로 안식일이었습니다. 유대인들은 하나님께서 쉼과 예배를 위해 주신 안식일을 자신들만의 율법으로 바꿔 놓았습니다. 그들은 자신들이 규율을 정해 놓고 그 규율을 지키지 않으면 안식일을 어겼다고 정죄하였던 것입니다. 그들은 예수님께서 혹시나 손 마른 사람을 아는 척하여 그를 고쳐 주심으로 안식일 율법을 어기지 않을까 기대하며 바라보았습니다. 심지어 대놓고 예수님께 물어보기까지 했습니다.

　"안식일에 병 고치는 것이 옳으니이까?"

　무슨 의미입니까?

　'안식일에 병을 고치는 것은 율법을 어기는 것입니다.'라고 강조하였던 것입니다. 이제 예수님은 회당에 들어가게 되면 손 마른 자에게 눈길을 주어서는 안 됩니다. 그에게 인사를 건네서는 안 되었던 것입니다. 만일 예수님이 그에게 인사를 건네고 그의 아픔을 공감하며 그의 아픔을 치유하시게 된다면 예수님은 안식일을 어긴 자가 됩니다. 그렇게 되면 그들은 예수님을 범죄자로 취급하게 될 것입니다. 절대로 인사를 해서는 안 되는 상황, 바로 그것이 예수님께 제시되었습니다.

하지만 예수님은 모든 유혹과 두렵게 하는 위협을 물리치시고 손 마른 자에게 인사를 건네셨습니다. 그에게 다가가 그의 아픔을 보시고 손을 내밀라고 하시고 치유하셨습니다. 예수님은 모든 위협에도 불구하고 치유와 생명, 그리고 복음의 인사를 건네셨습니다.

예수님의 이러한 모습은 우리를 담대하게 합니다. 그것은 두려움을 이기신 예수님이 계시기 때문입니다. 우리도 예수님처럼 복음의 인사를 건네지 못하게 하는 두려운 세력을 만날 수 있습니다. 예수님과 같은 고난이 따를 수도 있습니다. 하지만 이 인사 안에 예수님의 복음이 들어 있습니다. 그리고 우리가 드리는 인사를 통해 사람들은 예수님의 복음에 한 발자국 더 가까이 나갈 수 있습니다.

이것은 우리로 하여금 오늘도 복음의 인사를 위해 나아가게 하는 원동력이 됩니다. 사람들은 우리가 드리는 인사를 통해 복음이 무엇인지, 구원이 무엇인지에 대해 관심을 갖게 됩니다. 이것이 우리가 인사를 드리는 목적입니다. 인사를 단순히 예절로만 낮춰 생각해서는 안 됩니다. 인사는 그리스도인으로서 우리가 보일 수 있는 최대한의 사랑이자 복음입니다.

십자가의 도 : 인사

사도 바울은 복음을 위해 우리가 짊어져야 할 십자가의 도에 관해 이렇게 설명합니다.

> 십자가의 도가 멸망하는 자들에게는 미련한 것이요 구원을 받는 우리에게
> 는 하나님의 능력이라 (고전 1:18)

예수님의 십자가는 사모할 만큼 매력적인 장식품이 아닙니다. 십자가는 가장 끔찍한 형벌을 상징하는 도구입니다. 당시 이스라엘을 지배하고 있었던 로마 제국은 십자가의 공포로 사람들을 두렵게 했습니다. 그들이 생각하는 가장 악랄한 범죄자를 십자가의 형벌로 죽임으로 로마의 형법을 두려워하도록 만들었습니다.

당시 십자가는 인간이 겪을 수 있는 가장 잔인한 고통을 안겨 주었습니다. 이 형벌을 받게 된 죄수는 인간이 겪을 수 있는 모든 아픔과 고통을 주어 천천히 죽게 하였습니다. 그들은 십자가를 져야 하는 죄수들에게 끝에 철이 달린 가죽 채찍으로 때려 온몸의 힘을 빼놓았습니다. 채찍을 맞은 죄수는 온몸이 철로 인해 다 찢어지게 됩니다. 피가 온몸을 적시고 정신을 혼미하게 만듭니다. 그리고 죄수는 형틀을 메고 형장까지 가야 했습니다.

형장에서 죄수는 날카로운 철 대못으로 고정되어 십자가에 매달리게 됩니다. 고통은 이제부터라고 할 수 있습니다. 손목과 발목 뼈 사이에 꽂힌 못은 신경들이 끊기는 고통, 즉 잘리는 듯한 아픔을 느끼게 합니다. 숨을 쉴 때마다 찢긴 등의 통증은 상상을 초월합니다. 그리고 그는 심각한 호흡 곤란을 겪게 됩니다. 계속된 근육 경련으로 점점 호흡이 어려워집니다. 몸은 밑으로 점점 가라앉아 고통은 끊이지 않습니다. 손목에 박힌 못은 더욱 통증을 높입니다. 이러한 모습을 직접 보는 사람들이 어떻게 십자가를 매력적인 것이라 말할 수 있습니까?

하지만 바울은 '십자가의 도가 구원을 얻는 우리들에게는 능력'이라고 선포합니다. 그것은 너무 고통스럽고, 때로는 미련해 보이는 십자가이지만 그 십자가에는 우리 구원을 위한 예수님의 복음이 들어 있기 때문에 우리는 십자가의 도를 능력으로 바라볼 수 있습니다. 십자가 자체에 마법적인 힘이 들어 있는 것은 아닙니다.

우리 역시 인사에 십자가의 도가 들어 있음을 고백합니다. 우리가 실천하는 인사는 바로 그리스도께서 고난당하신 그 십자가를 함께 지는 것이 됩니다. 세상 사람들은 복음을 전하는 우리의 인사를 결코 호의로 보지 않을 것입니다. 사탄은 결코 여러분을 평안으로 가도록 두지 않습니다. 그럼에도 우리는 십자가의 도가 구원을 얻는 우리에게 능력임을 증거합니다. 왜냐하면 우리가 전하는 복음의 인사는 생명을 구하는 놀라운 역사가 함께하기 때문입니다.

우리는 우리가 전하는 복음의 인사로 그리스도와 만남을 갖는 놀라운 현장을 목격하게 될 것입니다. 사람들은 우리가 전하는 복음의 인사를 미련한 것이라 말할지 모릅니다. 하지만 십자가의 도가 구원을 얻는 우리에게 능력이 되듯이 우리의 복음의 인사는 우리에게 능력이 됩니다.

우리가 전해야 할 복음의 인사

그렇다면 우리는 어떻게 복음의 인사를 전할 수 있을까요? 복음의 인사는 일상에서 시작됩니다. 우리는 예수님께서 섬기기 위해 이 땅에 오셨던 것처럼 복음의 인사로 사람들을 섬겨야 합니다. 사람들은 우리의 섬김의 인사를 통해 그리스도의 향기를 발견하게 될 것입니다. 우리의 인사 안에 들어 있는 예수님의 모습을 보게 될 것입니다. 그렇게 될 때 사람들은 우리가 섬기며 소망하고 있는 예수님을 보고 싶어 우리에게 도움을 요청하게 될 것입니다.

복음의 인사를 전도에 열심을 내는 새로운 방법으로 이해해서는 안 됩니다. 복음의 인사는 우리의 일상이 되어야 합니다. 우리가 변함없이 사람들을 사랑하고 섬기며 주의 은혜로 인사한다는 사실을 깨닫게 될 때, 그들은 우리 복음의 인사에 감동하게 됩니다. 어쩌면 복음의 인사에 반발할지도 모릅니다.

　예수님께서 사람들에게 배척당했듯이 우리도 사람들에게 기쁨으로 받아들여지지 않을 수도 있습니다. 이때에도 실망할 필요가 없습니다. 예수님도 고난을 당하셨으니 우리 또한 고난을 당하는 것이 당연합니다. 하지만 우리에게는 성령님이 함께하십니다. 고난을 당하게 될 때 무슨 말을 해야할지 우리 입술에 주실 것입니다. 그리고 우리와 함께 계시고 기도하심으로 용기를 잃지 않도록 늘 인도해 주실 것입니다. 우리는 주님을 기억하며 복음의 인사로 복음을 전해야 합니다.

　"인사는 복음입니다."

역전의 드라마,
그 시작이 된 인사

2011년 1월 1일 처음 동탄시온교회에 출석하였습니다. 병점에서 장호원에 있는 장호원 순복음교회를 8년간 섬겨 왔고 52주 주일성수를 지켰던 교회를 떠나 새로운 교회를 정한다는 것이 쉽지는 않았습니다.

"하나님, 이 교회 저 교회 다 다녀 보고 은혜를 주시는 곳에 정착하겠습니다."

그렇게 기도를 하면서 이 교회 저 교회 간판을 눈여겨봤고 제일 처음 간 곳이 바로 동탄시온교회였습니다. 처음 간 예배에 은혜를 받고 하나님께 여쭈었습니다.

"하나님, 첫 번째로 온 교회입니다. 다른 교회도 가 보면 안 될까요?"

다음 주 역시 동탄시온교회를 갔고 그날도 참 많은 은혜를 받고 다시금 하나님께 여쭈었습니다.

"하나님 다음 주에도 제가 은혜를 받으면 이 교회에 정착하겠습니다."

그다음 주 하나님은 어김없이 은혜를 베푸셨고, 결국 다른 교회는 못 가 보고 동탄시온교회를 본 교회로 정하고 섬기기 시작했습니다. 인사만 잘해도 먹고는 산다는 아주 이상한 교회에 등록한 것입니다.

등록하고 며칠 후 담임목사님께서 심방을 오셨습니다. 아니 인사를 친히 와 주셨습니다. 지금은 목사님이 바쁘셔서 직접 심방을 못하시지만 거의 저희 가정이 마지막 담임목사님 방문세대가 아닌가 싶습니다. 지금 생각하면 그것이 너무도 감사합니다. 설교 본문은 축복에 관한 말씀이셨는데 그 가운데 열왕기상 18장 30절의 말씀인 '무너진 여호와의 제단을 수축하되'라는 그 말씀이 망치로 얻어맞은 것처럼 머리를 울렸습니다. 신앙에 있어 제일 우선되어야 할 것에 대한 말씀이셨습니다. 이상하게 계속 맴돌았고 그 말씀이 7년이 지난 지금도 날마다 귓가에 생생히 들립니다.

이것이 목사님과의 첫 번째 인사였습니다. 이 인사가 첫 번째 저의 신앙을 뒤바꿔 놓은 사건입니다. '무너진 제단', '무너진 제단' 장호원까지 거리가 멀다고 드리지 않았던 수요예배, 목장예배가 떠올랐고 내가 의도하지 않게 자연스레 목장예배를 드렸습니다. 하지만 수요예배의 도전은 정말 큰 결단이었습니다. 수요예배는 제게 있어 정확히 '무너진 제단'이었습니다. 회사 퇴근이 9시였던 저에게 수요예배는 꿈꿀 엄두도 내지 못하는 예배였고, 스스로에게 이 정도는 괜찮겠지 하는 예배의 타협점이었습니다.

그렇게 지내던 어느 날 경기 침체로 인해 경영 상태가 악화되어 재정이 어려워졌습니다. 엎친 데 덮친 격으로 원청회사의 부도로 수억 원을 못 받게 되고, 또한 계약을 했던 회사 부지가 중간 브로커의 사기로 문제가 되면서 회사가 더 이상 버틸 힘이 없어 그만 도산하게 되었습니다.

사업을 하다 실패하면 만신창이가 된다고 하는데 정말 사면초가로 오갈 데 없는 신세가 되었습니다. 집은 경매로 넘어갔고 집안 집기류에는 빨간 딱지가 붙었습니다. 빚쟁이들의 쉴 새 없는 독촉 전화에 정말 죽고 싶었습니다. 은행도 무섭고, 건달들이 들이닥쳐 협박을 하기도 하고 이름 모를 곳에 끌려가서 죽음의 위협도 당했습니다. 피할 곳이 없었습니다.

매일 술로 보냈습니다. 집에 들어가지도 않고 세상으로 빠져 미쳐 있었습니다. 이러니 집도 엉망이 되었습니다. 아이들과 아내는 이런 제 모습에 짐을 싸 친가로 갔고 거지꼴로 온 아이들과 아내를 본 부모님은 기가 막혀 하셨습니다.

고백하지만 이땐 하나님도 안 보였습니다. 하나님이 살아 계시다면 제게 이러실 수 없는 거라 스스로 단정 짓고 막살았습니다.

뒤늦게 이 사실을 아신 어머니는 아내를 붙잡고 우시고 전화로 정신 차려야지 권면하셨지만 저의 유일한 피난처는 예수님이 아니고 세상이었습니다. 부모님의 역정을 듣는 둥 마는 둥 하고 아이들과 아내를 데리고 며칠 뒤면 쫓겨 나가야 하는 집에 와서는 17층 아파트 난간에 허리를 반쯤 걸쳤습니다. 무게중심을 조금만 앞으로 향하면 이대로 떨어져 모든 것이 끝날 것 같았습니다. " 아, 죽고 싶다." 하지만 저는 자살할 용기도 없는 찌질이었습니다. 그로부터 며칠 후 주일이 되었습니다.

정말 이해할 수 없는 건 그렇게 세상에 빠져 살아도 주일은 교회로 갔습니다. 왜 갔는지는 아직도 이해가 되질 않습니다. 당연히 말씀은 들리지 않았습니다. 기도도 안 나옵니다. 그냥 왔다 가기 그래서 마지못해 하나님께 딱 한마디 했습니다. "살려 주세요."

다른 어떤 말도 할 수 없어서 "살려 주세요."란 말만 했습니다.

예배를 마치고 급히 빠져나가려던 저를 문 앞에서 인사하시던 하근수 목사님이 부르셨습니다. "박 집사 주 중에 시간 좀 내줘!" 목사님의 말씀이니 그냥 "네."라고 대답하곤 고민에 빠졌습니다. 수많은 성도들 가운데 나를 지명해서 만나자고 하는데 솔직히 저는 만날 이유가 없었습니다. '왜 만나자고 하실까?'란 고민 고민에 수중의 돈을 이래저래 긁어모으니 전 재산이 몇 만 원쯤 되었습니다. '이거면 밥값 정도는 되겠다. 근데 더 나오면 어떻게 하지?' 걱정이 되었습니다. 어려서부터 배우길 무조건 주의 종을 대접해야 한다고, 그래야 복 받는다고 부모님이 산교육을 하셨습니다. 아니 쫄딱 망한 판국에 대접을 고민하는 저도 참 이상했습니다.

당일이 되어 교회 근처 2층 식당에서 담임목사님 내외분을 뵈었습니다. 이 두 번째 만남이 저의 인생을 바꾸는 인사가 되었습니다. 목사님의 인사가 한 성도의 인생을 바꾸는 계기가 될 줄 어찌 알았겠습니까? 목사님이 만나자 하신 것은 저희 부부의 딱한 사정을 아시고 위로가 되고 싶어서 만나자 하신 거였습니다. 그 마음도 고마운데 이야기 끝에 목사님이 봉투 하나를 주십니다.

"박 집사님 얼마 안 되지만 이거라도 보탬이 되었으면 해. 목사가 무슨 돈이 있어? 많이 못 넣었어."란 말씀에 그간의 모든 염려, 근심이 무너져 내렸습니다. 수천 명의 양들 가운데 나를 기억하리라곤 생각도 못했고 또한 주의 종의 진심 어린 섬김은 제 마음을 녹이기에 충분하고도 남았습니다. 인간쓰

레기로 전락할 상황에 놓인 저에게 주신 인사는 세상 어떤 것과도 비길 수 없는 따스함이었습니다. 목사님을 뵌 것이 아니라 하나님을 뵌 것 같았습니다.

만남을 뒤로하고 돌아오는 발걸음에 흐르는 눈물을 주체할 수 없었고 다음 날, 평소에 잘 나가지 않던 새벽예배에 가서 목사님이 주신 하얀 봉투를 그대로 단 위에 올렸습니다. 수중에 몇 만 원밖에 없었지만 목사님이 주신 이 돈을 도저히 쓸 수가 없었습니다.

"하나님이 죽이시면 죽겠습니다. 이제 제가 할 수 있는 건 하나도 없습니다. 나 같은 것 잊지 않으시고 기억하시고 목사님을 통해 보여 주신 주님의 사랑에 감사드립니다. 그 사랑에 감사해서 제게 있는 전부를 드립니다. 이제 제가 무엇을 할까요?"

저는 그렇게 하나님을 찾았습니다. 그리고는 제일 먼저 결단한 것이 무너진 제단의 수축, 바로 수요예배의 회복이었습니다. 직장이 망한 마당에 딱히 할 일도 없었고 하나님의 기쁨이 되어 보자는 생각에 예배를 붙잡았습니다. 또한 목사님의 사랑을 갚을 길이 없어서 말씀으로 대접하자는 생각으로 수요예배를 시작했고 지금까지 수요일은 어김없이 교회로 갑니다. 지금도 맨 뒷자리에서 환한 미소로 앉아 계신 목사님을 보면 힘이 불끈불끈 솟아오릅니다. 목사님의 인사가 저를 정복했기에 저는 목사님의 사람이 되고 싶었습니다. 천국 가서 우리 주님이 "뭐하다 왔니?"라고 물으시면 "우리 목사님을 기쁘시게 하다가 왔습니다." 그렇게 이야기 하고 싶습니다. 물론 제일은 하나님의 기쁨이 됨이겠지만요.

목사님과의 만남 그 이후부터 하나님의 기막힌 일이 진행됩니다. 수많은 에피소드와 간증이 생겼습니다. 2017년 현재 하나님은 15명의 직원과 수십 억의 매출을 올리는 작지만 튼튼한 회사를 만들어 주셨고, 경매로 넘어간 집은 정확히 3년 6개월 만에 잃어버린 금액만큼의 집을 다시 주셨습니다.

빨간딱지가 붙은 집기는 하나도 잃어버림 없이 다시 찾았습니다. 47억 부도로 신용은 잃었지만 돈으로 매길 수 없는 신앙은 얻었습니다. 목사님의 인사가 지금의 저를 만들었음을 고백합니다.

박근범 집사

11
인사는 전도입니다

또 그 집에 들어가면서 평안하기를 빌라 그 집이 이에 합당하면 너희 빈 평
안이 거기 임할 것이요 만일 합당하지 아니하면 그 평안이 너희에게 돌아올
것이니라 누구든지 너희를 영접하지도 아니하고 너희 말을 듣지도 아니하
거든 그 집이나 성에서 나가 너희 발의 먼지를 떨어 버리라 (마 10:12-14)

인사와 전도가 어떻게 연결될까요? 왜 인사를 전도라고 말할 수 있을까
요? 인사와 전도에서 동일성을 찾기가 어렵습니다. 전도는 예수 그리스도
의 복음을 전하여 생명을 살리는 일입니다. 그렇기에 수많은 수고가 필요
한 어려운 일입니다. 이에 반해 인사는 너무 쉽습니다. 어떻게 전도와 인사
가 같다고 할 수 있을까요?

제가 인사와 전도를 동일하게 본 것은 인사가 가진 정신과 복음이 서로
통하는 면이 있기 때문입니다. 인사란 그 사람의 안녕과 건강을 묻는 것에

서 시작됩니다. 하지만 안녕과 건강은 하나님께 나오는 것입니다. 여기서 우리는 인사와 전도의 동일성을 찾을 수 있습니다. 우리는 인사를 통해 하나님의 축복의 필요성을 전하고, 하나님의 은혜를 확인합니다.

인사는 복음을 전할 수 있는 좋은 기회입니다. 기존에 너무 어려웠던 전도가 인사와 접목될 때 오히려 일상에서 매일 접할 수 있는 친근한 이미지가 됩니다. 사람들이 인사를 나누게 된 이후부터 복음 전도는 이미 시작되었다고 할 수 있습니다. 사람들은 우리의 일상의 인사로 그리스도의 생명에 가깝게 다가갈 수 있게 됩니다. 전도의 인사는 사람들에게 하나님의 은혜와 복음을 깨달을 수 있게 합니다.

우리는 전도 인사의 시초를 예수님으로 볼 수 있습니다. 예수님은 제자들에게 전도를 명하셨을 때 방문하는 곳마다 인사를 전하는 것으로 시작하셨습니다.

제자들의 전도 활동 : 인사

예수님께서 제자들에게 명한 전도 활동은 특별했습니다. 인사로 시작하고 인사로 마친 것입니다. 예수님께서 제자들에게 명한 전도 활동은 이러합니다. 먼저 한 마을에 들어가 합당한 자를 찾아 그의 집에 들어갑니다. 그리고 평안을 빕니다. 이 평안이 합당하면 그 집에 임하게 되고, 그렇지 않으면 평안을 빈 사람에게 돌아옵니다. 만일 그가 영접하지도 그의 말을 듣지도 않으면 가차 없이 그의 집을 떠나야 합니다. 이와 같은 전도 방법은 바로 우리가 전하고자 하는 인사와 동일하다고 할 수 있습니다. 우리가 전하는 인사 역시 그리스도의 평안을 비는 것입니다. 이 인사를 받아들이는 자들은 그리스도의 생명을 얻습니다. 하지만 이를 거부하고 주의 말씀을 거부할 때 그는 복음을 받을 만한 자격이 없는 자가 됩니다. 복음을 받는 자는 주께서 약속한 하늘의 복을 받습니다.

예수님께서 명한 이 인사의 전도에 특별한 것이 있습니다. 그것은 바로 인사를 전하는 제자가 가져야 할 자세입니다.

제자는 결코 상대방이 내 인사를 받을 것인가 받지 않을 것인가 고민할 필요가 없습니다. 다만 인사를 건넬 뿐입니다. 제자가 인사를 건네야 하는 대상 또한 성령님께서 보내신 것이지 그가 선택하는 것도 아니었습니다. 제자는 두려워하지 말고 담대하게 그리스도의 인사를 전하면 됩니다. 그가 인사를 받아들이는지 받아들이지 않는지는 순전히 그 자신의 선택에 따른 것입니다.

얼마나 효율적으로 인사를 잘 전했는지, 어떤 외모를 지녔는지, 어떤 훈련과 자격을 갖췄는지는 전혀 중요하지가 않습니다. 그가 나아간 것은 그리스도의 명하심이요, 그가 가진 권위는 그리스도께서 주신 하늘의 권세였습니다.

그리스도인들에게 전도의 인사는 놀라운 간증의 연속이라기보다는 평상시 삶에서 실천해야 할 의무 사항입니다. 우리가 예수님으로 인해 새 생명을 얻었다면 그 은혜에 너무 감사하여 믿지 않는 이웃들에게 전도의 인사를 건네게 될 것입니다. 이 전도의 인사에는 예수님께서 명령하신 평안, 즉 샬롬이 들어있습니다. 이 인사를 받기만 하면 세상에서 겪었던 모든 불의함의 상처, 아픔이 치유됩니다. 세상에서 나 혼자밖에 없다는 외로움도 절망감도 치유됩니다. 세상에서의 실패가 주 안에서는 새출발을 할 수 있는 발판이 됩니다. 예수님은 제자들을 통해 이처럼 놀라운 샬롬, 안부의 인사를 전하게 하셨습니다.

복음전도 : 전도 인사

우리가 복음을 전하기 위해 시행하고 있는 전도 중에 가장 많이 사용하는 것은 전단지 위주의 노방전도와 각 집을 방문하여 복음을 전하는 축호전도가 있습니다. 우리는 전도지를 나누어 주며 "예수 믿으세요."라고 열심히 전합니다. 그리고 각 가정을 방문하여 왜 우리가 예수님을 믿어야 하는지, 예수님을 믿는 자가 얻을 수 있는 소망이 무엇인지를 설명합니다. 하지만 요즘 이런 전도 방법은 점점 어려움을 겪고 있습니다.

이미 현대인들은 수많은 정보에 지쳐 있습니다. 쏟아지는 광고와 설득하려는 수많은 전단지, 그리고 전화에 이미 마음이 상해 버렸습니다. 이제는 아무리 좋은 것, 진리를 전하려 해도 모두지 들으려 하지 않습니다. 이 여파로 거리에서 활발했던 전도가 사라졌습니다. 어떻게 복음을 전해야 할까요? 어떻게 전도를 해야 할까요? 어떻게 그들을 제자 삼을 수 있을까요?

전도에 열정을 쏟는 교회들은 그럼에도 불구하고 열심히 성도들을 훈련합니다. 성경 구절을 외우게 하고 전도 논리를 담은 책자를 나눠 줍니다. 상황에 맞는 적절한 훈련도 합니다. 기도로 준비합니다. 이제 8주간의 교육이 마쳤습니다. 정말 이제부터 전도를 잘할 수 있을까요? 아닙니다. 열심히 암기하고 연습했지만 실전은 너무 어렵습니다.

그렇다면 우리는 어떻게 전도해야 할까요? 그 답을 예수님께서 보여 주신 전도 인사에서 찾아야 합니다. 그렇다고 우리 문화와 다른 당시의 방법을 그대로 사용해야 한다는 것은 아닙니다. 자신의 처한 자리, 자신이 속한 삶의 현장에서 만나는 모든 자들에게 그리스도인으로서의 우리의 인사를 전해야 합니다. 지금은 전도의 인사를 가르쳐야 할 때입니다. 우리는 사람들에게 샬롬, 즉 평안을 외쳐야 합니다. 부끄러움을 떨쳐 버리고 주님께서 명하신 인사를 전해야 합니다. 주님께서 명하신 전도의 인사를 통해 그리스도를 전하며 복음을 전해야 합니다. 전도의 인사는 전도를 잃어버린 우리 세대에 또 다른 복음을 전하는 귀한 방법입니다.

전도의 인사 _ 실전

예수님께서 제자들에게 준비시킨 전도 훈련은 다릅니다. 예수님은 제자들에게 사람들을 전도할 전도문이나 대사를 연습시키지 않으셨습니다. 단지 제자들에게 전도의 인사를 전할 것을 요청하셨습니다. 사실 해야 할 중요한 말들은 성령님께서 제자들의 입에 주실 것이므로 더 이상의 준비가 필요 없었습니다. 제자들은 다만 예수님의 권능을 확신하고 자신들이 받은 명령대로 담대하게 전도의 인사를 건네면 되었습니다.

사람들은 제자들이 전한 그리스도의 샬롬을 기쁘게 들었습니다. 제자들의 인사를 받아들였던 수많은 사람들은 후에 그리스도의 제자로 세움을 받았을 것입니다. 우리가 수행해야 할 전도의 사명도 이와 같습니다. 우리는 세상 사람들에게 평안을 전해야 합니다. 그리스도 안에 있을 때 얻게 되는 평안은 세상이 주는 것과 감히 비교할 수가 없습니다. 세상이 주는 평안은 일시적이요, 현상적입니다. 잠시만의 기쁨으로 그치게 됩니다. 하지만 주님이 주시는 평안은 영원이요, 실재적입니다. 주님이 주시는 평안은 이론에만 머물지 않습니다. 실재 삶에서 적용되는 참 평안을 누리게 됩니다. 우리가 어디서 이 놀라운 복음을 들을 수 있을까요? 이 놀라운 복음의 시작은 바로 전도의 인사에서부터 시작됩니다.

두려워하지 마십시오. 특별한 기술을 익히려고 하지 마십시오. 우리가 하는 것은 처음에는 단순한 인사로 보일 것입니다. 하지만 우리가 전하는 인사에는 평안이 들어 있습니다. 그리스도의 사랑이 들어 있습니다. 그리스도의 복음이 들어 있습니다. 이 인사를 받아들이는 자는 우리와 함께 평안과 생명을 얻게 됩니다.

무슨 말을 해야 할까 고민하지 마십시오. 예수님의 제자들도 고민하지 않았습니다. 단순히 입술을 열어 인사를 전하면 됩니다. 우리의 인사를 통해 성령님은 복음이 전해지도록 역사하십니다. 두려워하지 마십시오. 누구를 만나던 인사를 전하십시오. 단순해 보이는 그 인사가 후에 생명을 구원하는 귀한 도구가 될 것입니다.

전도의 인사 _ 기적

개척교회 당시 동네 주변들 상가나 관공서 인사 다닐 때 10군데 인사 가면 9군데는 문전 박대를 당하기 일쑤였지만 꼭 하나님께서 예비하신 만남이 있었습니다.

한번은 동사무소에 가서 동장님을 찾아 "동장님! 앞에 개척교회 목사입니다."라고 인사를 드렸습니다. 예수님을 믿지 않던 동장님은 왜 왔는지 탐탁지 않게 생각하셨습니다. 하지만 저는 굴하지 않고 말씀드렸습니다.

"종교와 관계없이, 신앙과 관계없이 우리 교회도 동장님 관할 내에 있는 기관이고, 우리 교인은 동장님 주민입니다. 지금처럼 어려울 때 관내 있는 동장님께서 주민들을 보살피는 마음으로 교회에 오셔서 용기를 주시는 말씀 한마디만 해주시면 고맙겠습니다."

동장님은 고개를 끄덕이며 주일날 오실 것을 약속하셨습니다.

주일날 약속한대로 동장님은 예배에 찾아오셨습니다. 저는 설교를 마친 다음 마이크를 넘겨 교인들에게 인사를 하는 시간을 드렸습니다. 동장님은 놀랍게도 그다음 주에도 또 나오셨습니다. 저는 지난 주 약속을 지키셨으니 앞으로 안 오셔도 된다고 했지만 동장님은 머리를 긁적거리며 "다음 주에 또 올 건데요."라고 말하는 것이 아닙니까? 하나님께서 그분의 마음을 만져 주셨던 것입니다. 그분은 교인으로 등록하시고 교회 집사가 되셨습니다.

나누고 싶은 또 다른 사건은 작년에 있었던 일입니다. 특별새벽기도를 맞이하여 화성 시장님께 연락을 드렸습니다. 그것은 저희 동탄신도시가 화성시에 속해 있었기 때문입니다. 저는 시장님께 전화드려서 "저희 교회 특별새벽기도에 나오셔서 인사 한번 나눠 주세요."라고 말씀을 드렸습니다. 예수님을 믿지 않는 분이라 이해하지 못하시는 것 같았습니다. 하지만 특별한 새벽기도 첫날 예배에 나오셨습니다. 하나님께서 시장님을 만져 주셨는지 다음 날도, 그다음 날도 빠지지 않고 나오시는 것입니다. 드디어 21일 개근까지 하셨습니다. 저는 앞으로 모셔서 말씀을 나눌 수 있는 기회를 드렸습니다. 그랬더니 "저도 이럴 줄 몰랐습니다."라고 말하는 것이 아니겠습니까? "21일 안에 1박 2일, 2박 3일 출장이 있었지만 모두 취소했습니다. 새벽기도에 나오고 싶었기 때문입니다. 전라도 광주에 갔을 때에도 밤 12시에 올라왔습니다." 저희들은 모두 감동했습니다. 단지 인사를 드렸을 뿐인데 이 인사가 예수님을 만나는 다리가 되었던 것입니다.

제가 처음 전도 인사를 시작하게 된 계기는 제가 처음 개척하였던 '시온교회'에서였습니다. 저는 당시 교회가 전혀 없었던 수원 매탄동의 화장터 근방에서 교회를 개척하기로 결단을 내렸습니다. 아무도 없는 허허벌판이 저희의 첫 출발지가 되었습니다.

건물을 얻고 첫 예배를 드린 후 우리가 했던 사역은 지역을 다니며 인사하는 것이었습니다. 인사가 저희 목회의 핵심이 되었습니다. 인사를 통해 안부를 전하고, 인사를 통해 복음을 전했습니다. 불편하게 생각했던 주변 분들이 차츰 저희 인사에 호응해 주시기 시작하였습니다.

저희에게 인사는 복음을 전하는 가장 중요한 도구였습니다. 저희는 모르는 사람들에게도, 그냥 지나가는 사람들에게도 관계하지 않고 인사를 드렸습니다. 저희들은 인사를 받아 주는 분들에게 우리 주님께서 축복 주실 것을 알았기 때문에 더욱 열심히 기쁘고 밝게 인사를 드렸습니다. 저희의 인사에 당황하셨던 분들도 시간이 흐르자 저희가 드리는 전도의 인사에 반갑게 반응해 주시고 복음에 관심을 갖기 시작했습니다. 인사를 통해 우리 주님의 샬롬, 즉 평안이 전해졌던 것입니다.

이러한 저희들의 인사는 차차 주변에 소문이 나게 되었고, 시온교회의 이미지는 어느 누구도 소홀히 대하지 않는 가장 친절한 교회로 알려지기 시작했습니다. 주변에 거하는 모든 사람들은 이제 시온교회는 누구나 믿을 수 있으며 참된 사람으로 믿고 그들이 전하는 복음에 관해 마음 문을 열고 듣기 시작했던 것입니다.

후에 저희가 수원을 떠나게 되었을 때 저희 교회를 침례교회가 인수하게 되었습니다. 교회 분들이 저희 교회의 이미지를 확인해 본 결과, 어느 사람이든지 만나는 누구라도 밝게 웃으며 인사하는 저희 교회를 너무 좋게 생각한다는 것을 들었던 것입니다. 침례교회는 교회를 인수하면서 저희에게 한 가지 부탁을 했습니다. 그것은 바로 시온교회 이름을 그대로 사용할 수 있냐는 것이었습니다. 당연히 새로운 교회가 들어오게 되면 새로운 교회의 이름으로 선교를 하는 것이 정상입니다. 하지만 그분들은 주위에 신망이 높았던 저희 교회 이름을 그대로 사용하기를 원했던 것입니다. 그분들은 결국 저희들 허락 아래 교회 이름을 시온침례교회로 명하고 지금은 앞서 저희들이 보였던 전도의 인사를 열심히 실천하고 계십니다.

그리스도인들이 드리는 인사는 인사로만 끝나지 않습니다. 이는 바로 복음으로 연결이 됩니다. 그렇기 때문에 우리는 이렇게 말할 수 있습니다.

"인사는 전도입니다."

전도의 인사 _ 실천

이제 우리는 다음과 같이 질문을 던지게 됩니다. "그러면 언제 전도 인사를 해야 할까요?" "일주일에 한 번 하면 될까요? 아니면 두 번이요?" 아닙니다. 전도 인사는 만날 때마다 드리는 것입니다. 우리가 일주일에 한 번만 웃는 얼굴로 거리에서 인사를 한다고 가정해 봅시다. 어떻게 될까요? 분명히 사람들에게 외식을 하는 가증한 사람으로 낙인이 찍히게 될 것입니다. 왜냐하면 그들은 인사하는 사람이 아니라 물건을 파는 사람들처럼 필요할 때만 인사를 팔았기 때문입니다. 진정으로 인사를 드리는 분은 시간과 횟수에 구애받지 않습니다.

하루에 수십 명을 만나도 혹은 수백 명을 만나도 한결 같은 모습으로 인사를 드립니다. 이러한 모습을 일반 사람들, 주위에 있는 사람들이 볼 때 진실하다고 말하는 것입니다. 진실 되지 않을 때 사람들은 가식이라고 여깁니다. 우리는 인사를 단지 전도의 수단으로 여기지 않습니다. 만일 전도의 수단이라고 생각한다면 정말로 전도를 계획한 그날만 나가서 인사하면 됩니다. 하지만 그는 결코 인사하는 사람이라는 말은 듣지 못할 것입니다. 그것은 그의 인사는 진실된 것이 아니기 때문입니다.

인사는 우리의 삶과 깊은 연관을 맺어야 합니다. 평소에도 인사를 쉬지 않아야만 우리는 인사의 사람으로 인정을 받게 됩니다. 그럴 때 우리의 인사는 주님과 사람들에게 인정받는 전도 인사가 될 것입니다.

바울이 전하는 교훈

너는 말씀을 전파하라 때를 얻든지 못 얻든지 항상 힘쓰라 (딤후 4:2)

우리가 전하는 인사에는 주의 은혜가 담겨 있습니다. 그렇기 때문에 우리는 언제든지 전도의 인사로 그리스도를 전파할 수 있는 것입니다. 우리 주님께서는 우리가 전도의 인사를 통해 그리스도의 은혜를 전파하는 이 귀한 선행에 함께하십니다.

그렇기 때문에 저는 이렇게 강조하기를 원합니다.

"인사는 전도입니다."

인사를 통해 보게 되는 기적

저희 집에 오시는 학습지 방문선생님이 계십니다. 최근에 저희 아들이 못한 숙제를 한다고 선생님이 오셨는데 인사를 안 하고 책상에 앉아 있다가 바로 수업을 들어간 적이 있었습니다. 다른 건 몰라도 가르쳐 주시는 선생님에 대한 기본예절로 인사는 꼭 하게 하는 저로써는 그냥 넘어가기 어려웠습니다. 그래서 수업을 마치자마자, 바로

"선생님 가르침에 감사합니다."라고 인사드리도록 시켰습니다.

남자선생님이셔서 늘 간단히 수업만 하시고 어색함 때문에 긴 상담은 안 하는 편인데, 이날 선생님께서 저에게 "어머님! 혹시 동탄시온교회 다니시나요?"라고 물으시는 것이었습니다. 깜짝 놀라서 반갑게 "네! 선생님, 어떻게 아셨나요?" 여쭤보자, "어머님이 아이들에게 인사를 꼭 하게 하고, 중요하게 가르치시는 것 같아서요. 또 전에 교회 다니신다고 들은 것도 같고…. 사실 제가 며칠 전 길을 가다가 인상적인 글귀를 보고 사진을 찍은 게 있습니다. '인사만 잘해도 먹고는 산다' 이 사진을 저희 아들에게 보여 주려고 찍은 건데, 나중에 다시 보니까 동탄시온교회 차였더라구요!"

선생님께서 지나가는 우리 교회 차를 보고 새겨진 글귀가 인상 깊어서

휴대전화로 사진 찍었던 것입니다.

중학생 아들에게 인사를 하게 하는 저의 모습을 보고 "인사만 잘해도 먹고는 산다!" 이 말이 떠올랐다고 하시면서 말씀해 주셨습니다. 저는 순간 5년 동안 매주 한 번씩 10분 정도 수업하시는 선생님을 만나면서도 전도할 생각을 못했다는 생각이 들어 책꽂이에 꽂혀 있는 담임목사님의 책 『0점의 가치』를 뽑아 들었습니다.

"선생님! 시간 되실 때 꼭 읽어 보세요. 인사만 잘해도 먹고는 산다고 말씀하신 저희 담임목사님께서 쓰신 책이에요."

감사하게도 선생님께서 이 책을 받아 주셨고 그다음 주에 오셨을 때 집에 가자마자, 다 읽으셨다고 말씀을 전해주셨습니다.

이 일이 있고나서 몇 주 뒤에 선생님께서 개인 사정으로 방문교사 일을 그만두셨지만, 마음 한편에 담임목사님의 『인사만 잘해도 먹고는 산다』 책이 발간되면 꼭 사서 선생님께 연락드리고 선물해 드리고 싶은 마음이 들었습니다.

이 일을 계기로 저는 친구네 전시회나 오랜만에 누군가를 만나러 갈 때,

새 신자 가정을 만날 때 담임목사님의 책을 미리 주문해서 한 권씩 챙겨 가서 선물해 드리고 있습니다.

제가 단골로 다니는 식료품 가게가 있습니다. 그곳 사장님을 오랫동안 알고 지냈는데, 어느 날 우연히 사장님의 아내가 병환 중에 있고 요양을 하고 계시다고 들었습니다. 그리고 놀랍게도 동탄시온교회 성도님이시라는 이야기도 들었습니다. 함께 기도하겠다는 말씀을 드리면서 사장님이 교회에 나오시기를 권면드렸습니다.

지난 연말을 보낸 뒤, 다시 찾은 가게에서 사장님께서 성가대에서 찬양하는 제 모습을 보았다고 먼저 말씀해 주셨습니다. 교회에 나오셨다는 말씀에 얼마나 뛸 듯이 반가웠는지 모릅니다. 그런데 교회 본당에는 안 들어오고 송구영신예배 드리고 싶어 하는 아내를 기다리느라고 1층 로비에서 TV 모니터로 보셨다는 것입니다.

그 이후에 몇 개월이 지나고 나서의 일입니다.

여느 때처럼 가게에 식료품을 사러 들렀는데, "안녕하세요." 인사하는 저에게 밝게 "안녕하세요." 인사하시면서 "저 인사 잘하지요?"라고 말씀하시는 것이었습니다. 그러면서 "목사님께서 인사만 잘해도 먹고는 산다고 하셨잖아요!"라고 말씀하시는 것이었습니다. 전날 주일 말씀으로 인사에 대해 설교하신 목사님 말씀이 떠올랐습니다.

"사장님! 예배드리러 오셨었네요!" 여쭤보자, 요양원에 계신 아내가 예배드리러 간다고 해서 같이 교회에 오셨다고 하셨습니다.

얼마나 기쁘고 반갑던지요! 하나님께서 이 마음과 나온 발걸음 아시고 긍휼의 손, 치료의 손으로 아내의 항암치료 모든 과정에 함께하시기를 기도하고 있습니다.

인사를 통해 이웃을 알게 되고 마음이 열리게 되어 서로를 위해 기도하게 되는 역사가 시작되니 이 얼마나 큰 기적인지 모릅니다. 하나님께서는 인사를 통해 더 큰 기적을 이루어 가실 줄 믿습니다!

한인숙 집사

12
인사는 부흥입니다

여호와 우리 하나님이여 우리를 구원하사 여러 나라로부터 모으시고 우리가
주의 거룩하신 이름을 감사하며 주의 영예를 찬양하게 하소서 (시 106:47)

제가 인사가 부흥이라고 마지막에 정의를 내리고자 하는 이유가 있습니다. 그것은 부흥을 위해 인사를 사용해서는 안 된다는 것을 말하고 싶었기 때문입니다. 성도들에게 인사를 잘 가르치면 부흥이 된다고 하더라는 말은 결코 제가 원하는 말이 아닙니다. 저는 인사가 부흥을 위한 수단이 되는 것을 원치 않습니다. 지금까지 인사를 여러 가지 모양으로 설명하였던 것은 우리 주님께서 인사에 담고자 하셨던 많은 메시지들을 풀어 함께 나누고 싶었기 때문입니다.

인사는 부흥을 위한 수단이 아닙니다. 하지만 인사는 교회를 부흥으로

인도합니다. 교회가 우리 주님께서 우리에게 주신 인사의 참된 의미를 이해하고 이를 실천하게 되면 자연스럽게 교회에 사랑이 넘치게 됩니다. 그리고 주변의 많은 분들이 교회에 관심을 갖게 되고 좋은 소문들이 나기 시작합니다. 그리고 이 좋은 소문과 이미지는 결국 주님의 복음을 받아들이게 하는 좋은 매개체 역할을 하게 됩니다. 이는 결국 교회에 부흥이라는 놀라운 결과를 가져오게 되는 것입니다.

한때 평양대부흥운동 100주년을 기념하여 전국에 부흥을 위한 기도회와 집회가 열렸던 때가 있었습니다. 하지만 당시 우리들의 목표는 평양대부흥운동의 정신이 아닌 그때의 부흥의 영광 재연에 두었었습니다. 우리들의 허황된 목표는 결국 허무한 결과를 가져왔습니다. 수많은 기도회와 집회, 그리고 부르짖음은 있었지만 아무런 결과를 얻지 못했습니다.

평양대부흥운동의 정신은 무엇입니까? 그것은 회개하며 복음으로 돌아가는 것이었습니다. 우리 역시 참된 정신을 보지 못하고 그것이 가져온 열매에만 집중하게 된다면 실제로 얻을 수 있는 것은 아무것도 없음을 다시 한번 기억해야 할 것입니다.

저는 "인사는 부흥입니다."라는 주제를 설명함에 있어서 부흥을 위한 수단이 아닌 참된 인사를 위한 저희만의 수고를 소개하고자 합니다. 이것은 우리가 주님께서 우리에게 주신 인사를 찾아가는 많은 노력 가운데 세웠던 체계였습니다.

성도들에게 인사가 DNA가 되도록 가르침에 있어서 언제나 고민하였던 것은 어떻게 하면 우리 성도들이 인사를 행사가 아닌, 삶에서 체질화될 수 있을까 하는 것이었습니다. 그래서 저는 성도들과 함께 인사할 수 있는 저희들만의 프로그램을 만들어 나갔습니다.

1. 전 성도 이름표 달기 운동

저희 교회가 독특하게 진행하는 특별한 운동은 바로 '전 성도 이름표 달기 운동'입니다. 이름표는 직분과 관계없이 교회에 나오는 모든 성도들은 다 달아야 합니다. 담임목사라고, 장로라고 예외가 되지 않습니다. 전 성도가 참여를 합니다.

저희가 이렇게 이름표 달기에 힘을 쏟는 이유는 바로 새롭게 오시는 한 신자를 위함입니다. 처음 저희 교회에 오신 성도님은 모두가 달고 있는 명찰을 통해 "저분이 장로님이시구나, 저분이 권사님이시구나."라고 금방 알 수 있습니다. 우리는 상대방이 누구인지, 그의 이름이 누구인지 알 때 평안을 느낍니다. 현대는 실명화 시대입니다. 우리는 누군지 모르고 막연하게 인사하는 것보다는 자신이 인사해야 하는 상대방이 누구인지 알 때에야 비로소 안심하고 인사를 전하며 신뢰를 쌓을 수 있습니다.

저희 교회만 있는 특별한 것은 온 성도가 명찰을 달 수 있도록 1층에 명찰 만드는 코너가 있다는 점입니다. 물론 이 코너는 주일만 운영합니다. 하지만 비용을 받지 않습니다. 어느 누구나 수시로 방문해 필요에 따라 만들 수 있도록 하였습니다. 저희는 결코 명찰을 잃어버린 것에 대해 책임을 묻지 않습니다. 오히려 더 기쁘게 잃어버린 명찰을 다시 만들어 드립니다. 저희 교회는 남녀노소를 가리지 않고 교회에 있는 동안 누구든지 명찰을 차야 하기 때문에 수많은 일이 일어날 수 있습니다. 그래서 보관은 각자 하되, 교회에 도착하면 반드시 명찰을 착용하여 어느 누구도 서로 모르는 사람이 없도록 도움을 드렸습니다.

그렇기 때문에 저희 교회에서는 명찰과 관련된 에피소드들이 많이 있습니다. 예배가 끝나고 집에 갈 때 깜빡 잊고 명찰을 차고 돌아가다 사람들이 그를 보고 이름을 불러 놀랐던 이야기와, 시장에 갔는데 상대방이 하도 웃어 그 이유를 물으니 명찰 때문이었다는 갖가지 재미있는 이야기들이 있습니다.

저 또한 이러한 에피소드에서 자유롭지 못합니다. 저도 한번은 시내에 나갔는데 처음 뵌 어떤 분이 "목사님이시군요."라며 인사를 해서 놀랐던 적이 있습니다. 너무 놀라 "저를 어떻게 아세요?"라고 여쭈었더니 바로 명찰을 보고 알았다는 말을 듣기도 했습니다.

저는 이 명찰이 저희 교회 교인들에게 미친 영향이 대단하다는 것을 압니다. 이 명찰 때문에 저희는 서로 이름을 알고, 그 이름을 보며 인사할 수 있었습니다. 그리고 새로운 성도님들이 부담 없이 교회의 일원이 될 수 있는 지름길이 되었습니다. 이름표를 만드는 수고를 매주 하지만 이 이름표가 성도님들을 서로 소통하게 하고 인사하게 하는 귀한 도구임을 기억하며 기쁘게 이 사역을 감당하고 있습니다.

서로가 이름을 알고 불러 주는 이 귀한 사역은 모든 성도들을 인사하게 하는 첫걸음이 되었습니다.

2. 어정거리기

저희 교회는 예배 끝난 후 10분 정도 주변을 서성거리며 인사하는 '어정거리기 운동'을 시행합니다. 이 시간은 특별히 새로 온 사람, 교회를 잘 모르는 사람에게 친밀감을 주는 귀한 운동이기도 합니다. 새로 오신 분이 계실 때 우리는 그분께 잠깐 앉아서 서로를 소개하며 인사하는 시간을 갖습니다.

이 일은 아무것도 아닌 것 같지만 자신이 이 교회에서 귀하게 여김을 받고 있음을, 그리고 그리스도의 사랑 안에 자신이 관심을 받고 있음을 알게 합니다. 그렇기 때문에 저는 축도가 끝난 동시에 나가지 말 것을 매주 요청합니다. 전 성도가 어정거리기 운동에 참여할 때 이 운동은 서로를 향해 기쁨으로 인사할 수 있는 인사의 고리가 됩니다. 그렇기 때문에 저는 매주 어정거리기를 강조하며 어정거리기를 통해 얻을 수 있는 유익과 기쁨을 자주 강조하게 됩니다. 어정거리기는 교회에서 소외되는 사람이 없도록 관심을 갖게 하는 최적의 운동입니다.

3. 바나바 훈련

저희 교회에 새롭게 등록을 하게 되면 의무적으로 담임목사인 저에게 7주간 교육을 받아야 합니다. 바나바 훈련 교재는 김명남 목사님께서 쓰신 『바나바 사역교재』를 사용하지만 저는 늘 교재는 부교재며, 자신의 몸이 주교재라고 강조합니다. 그것은 바나바 훈련이 인사를 교육하는 훈련인데, 자칫하다간 인사를 글로 배우는 이상한 결과를 얻을 수 있기 때문입니다.

저희가 진행하는 바나바 훈련은 바나바가 사울을 찾아가서 인사했던 것을 배경으로 하는 인사 훈련입니다. 바나바 훈련에 참여하게 되면 저는 우선적으로 숙제를 부여합니다. 그것은 매주 한 사람씩 모르는 사람을 만나 인사하고 그의 이름은 무엇인지, 무슨 일을 하는지, 자녀는 어떠한지, 고민은 무엇인지 그에 관한 모든 것을 묻고 적어 오는 것입니다. 이 교육을 이수하게 되면 결국 7주간 총 7명을 만날 수 있게 됩니다. 결국 교회에 막 등록한 새신자는 7명의 든든한 신자들과 친밀한 교제를 나누는 놀라운 경험을 하게 됩니다. 이렇게 형성된 친밀한 관계, 즉 라포를 형성하게 되면 교회

정착률이 굉장히 높습니다. 새로운 성도는 서로 교제하며 친분을 쌓고 인사하는 관계가 많으면 많을수록 교회에서 편안함을 느낄 수 있습니다.

이 훈련이 끝나게 되면 교회 분위기가 한층 좋아지게 됩니다. 서로 만나면 인사하는 분위기가 되니, 큰 교회지만 가족 같은 편안함을 갖습니다. 이것은 바로 인사를 강조하는 바나바 훈련으로 인한 것입니다.

저희 바나바 훈련은 매주 1시간 30분 정도 진행됩니다. 진행하는 방법은 한 주간 제가 그들에게 내준 숙제를 보고하는 시간으로 시작됩니다. 성도들은 한 주간 자신들이 만났던 사람과 사건에 관한 보고를 총 30분에 걸쳐 하게 됩니다. 이 프로그램 때문에 만난 이야기, 새로 사귄 이야기, 친구가 된 이야기, 놀러 갔던 이야기 등 많은 보고 내용은 은혜가 넘칩니다.

놀라운 사실은 이 보고를 통해 그 동안 드러나지 않았던 많은 이야기들이 나타난다는 사실입니다. 한 성도는 자신이 가지고 있었던 우울증을 고백했습니다. 사람 만나는 것이 너무 두렵고, 어려운 일이었지만 바나바 숙제 때문에 새로운 사람들을 만나다 보니 오히려 우울증이 치료되었다고 간증을 하였습니다. 사람을 만나고 교제를 나눠야 하는 숙제는 처음에는 심적인 부담이 있지만 하다 보면 나도 모르게 자신감이 생기고 두려움이 사라집니다.

나머지 진행하는 1시간 남짓의 수업은 바나바 교재를 따라가기는 하되 강의는 거의 동탄시온교회 교인이 가져야 할 인사의 비전을 나누는 것으로 하고 있습니다.

수업을 통해 저는 인사를 잘하는 사람이 긍정적인 사람임을 강조합니다. 바나바는 긍정적인 사람으로 자신이 몸담고 있었던 예루살렘 교회의 모든 어려운 점을 본인이 덮고 극복한 사람임을 가르칩니다.

교회가 언제나 장점만 있는 것이 아닙니다. 때로는 단점도 보일 때가 있습니다. 하지만 이러한 모든 것까지도 긍정적으로 볼 수 있어야 합니다. 단점에 빠져 낙담하는 것이 아니라 언제나 그리스도인으로서 적극적으로 사람을 찾아 다가가 인사를 나누어야 합니다. 끼리끼리 움직이지 말고 새로운 사람, 새로운 환경을 도전하도록 해야 합니다.

제 강의는 인간관계 훈련 중심으로 바나바가 감당했었던 교회의 많은 사역을 함께 돌아보는 시간을 갖고 도전을 주고 있습니다.

4. 홍보하기

저희 교회가 가진 비전들을 나누고 이 비전이 지역과 사회에 변화를 줄 수 있다고 확신합니다. 그래서 이 비전을 나누는 데 최선을 다하고 있습니다. 작게는 교회 차량과 교회 안에 저희 비전인 "인사만 잘해도 먹고는 산다"라고 크게 써 붙여 저희 교회의 정체성을 분명하게 보여 주었습니다.

많은 분들은 저희 교회 표어를 보고 크게 웃습니다. 하지만 그 웃음 뒤에 잔잔한 끄덕임을 보게 됩니다. 그것은 정말로 인사를 잘하는 사람이 사회에서 인정을 받고 어느 분야에서든지 사랑을 받는 것이 사실이기 때문입니다. 이 표어는 우리 선조들의 옛 속담과 같이 그냥 웃어넘기기에는 너무 많은 것을 담고 있음을 모두가 인정하게 됩니다.

저희는 저희들의 행사를 언제나 이웃과 함께하기를 원했고 다양한 방법으로 저희를 소개하였습니다. 이러한 노력은 저희가 교회를 처음 시작한 개척 때부터 지속되어 온 상황입니다. 제가 지금까지 보물처럼 아끼고 간직하고 있는 홍보지들이 있습니다. 그것은 바로 지역을 알리기 위해 매주 만들었던 소개지였습니다. 여기에는 저희 교회 이야기만을 넣지 않았습니다. 주변의 모든 상황들을 소개하려고 하였습니다. 관내 동장님 소개, 초등학교, 우체국, 파출소, 소방서, 중학교 등 관내의 관심 가질 만한 모든 것을 기록하여 이웃들과의 소통에 저희가 앞장섰습니다.

많은 분들은 저희가 소개하는 소개지에 관심을 많이 가져 주셨고 이것이 이웃과 소통하는 저희들만의 귀한 자료가 되었습니다.

영혼을 살리는 작은 실천, 인사!

작년 목장 모임을 인도하면서 있었던 일입니다.

같은 아파트에 사는 목원들이다 보니 목장 모임 중 A엄마, B엄마 이야기가 나왔습니다. 마침 주일날 목사님께서 설교도 전도에 관한 것이었습니다. "천국에서 만나 보자 그날 아침 거기서"란 찬양으로 저도 울었고 목원들도 많이 울며 가족을 전도할 것과 아이 친구 엄마를 전도해야겠다고 결단하였습니다. 이때 준목자 유준이 엄마가 같이 어린이집을 보내는 유림이 엄마 이야기를 하였습니다. 얼마 전 셋째도 임신하여서 몸도 힘든데 같이 목장 모임 좀 나와서 마음의 평안이 되는 시간을 함께 누렸으면 좋겠다는 나눔이었습니다.

제가 3년 전 인사하며 지낸 유림이 엄마일까? 싶어 인상착의와 동을 물어보니 3년 전 저희 아들과 같은 어린이집 다녔던 직장 다니던 엄마였습니다. 그 이야기를 하고 하나님이 보내 주신 것이면 목원들을 통해 인도해 달라고 목원들과 기도했습니다.

"자, 주중에 유림 엄마를 만나는 분이 먼저 인사하고 교회 소개를 합시다."라고 전체 메세지를 보냈습니다. 그런데 그날 오후, 아이들과 장을 보고 아파트 단지로 들어가는데 오늘 모임에서 이야길 나눴던 유림이 엄마가 있었습니다. 제가 제일 처음 만난 것이었습니다. 평소였다면 못 본 척 지나 갈수도 있었겠지만, 목장 예배서도 이야기가 나왔고 목사님께서 "인사는 정복이다."란 말씀에 '내가 인사 한 번 하는 것이 하나님께 도움이 된다면….'이란 생각으로 "유림 엄마! 오랜만이에요." 하며 인사를 했습니다. 유림 엄마는 활짝 웃으며 "하원이 엄마! 동탄시온교회다니지요?" 하며 먼저 교회를 물어서 "네! 맞아요." 하니 몇 년 전 제가 교회 다닌단 이야기 듣고 요즘 너무 힘든데 같이 다니고 싶어 물어볼까 했었다고 하는 것입니다. 저는 속으로 "하나님, 감사합니다."라고 기도하였습니다. 그다음 주 목장 예배에 나오고 주일에 등록하고선 유림이 친구 엄마인 동완이 엄마까지 같이 목장에 나와서 목장 모임이 풍성해졌습니다. 지금까지 목장 모임을 함께하고 있습니다.

인사로 교회에 온 유림이 엄마가 동네 엄마들에게 교회를 소개하고 있다고 합니다. 너무 좋다고 목사님 말씀이 초신자인 자기가 들어도 너무 좋다고 하였습니다. 그러다 지난주 목장모임까지 전도하고 싶은 엄마가 있다고 나눔 중에 "목자님, 그 엄마가 9동 16층 엄마랑 친해지고 싶대요. 근데 그 16층 엄마가 우리 교회 다니는 것 같아요. 3부 예배 때 지나가다가 봤어요." 라고 하기에 16층 엄마가 누구인지 너무 궁금했습니다.

저는 마음속으로 기도했습니다. "하나님 누굴까요?"

그날 오후 아이들을 찾아 집에 가던 중 유림이 엄마를 만났습니다.

"목자님, 저기 옆에 아이들 만나는 엄마 중 흰 셔츠 입은 엄마가 16층 엄마예요."

"그래요?"

저는 무조건 갔습니다. 지금 생각하면 참으로 담대했습니다. 유림 엄마가 먼저 말했습니다.

"16층 엄마, 여기 시온교회 다니는 우리 목자님인데 찬양팀도 하는데, 본적 없어요?"

사실 전 처음 뵙는 분이었습니다. 그런데 그 16층 엄마는 "네 알아요, 찬양팀 하시고 아들이 하원이고. 맞죠?"

'나를 어떻게 알지?' 하는 생각에 모든 기억을 더듬지만 알 수가 없었습니다. 그때 16층 엄마가 수수께끼를 풀어 주었습니다.

"자모실에서 뵈었어요. 큰아이 어릴 때."

16층 엄마는 2012년 등록한 박효정 자매였습니다.

"아! 그러셨군요. 기억해 주셔서 감사해요."

유림 엄마가 "16층 엄마 목장 모임 다녀요? 우리 목장 좋은데. 와요!"

그래서 제가 "아니에요. 지금 목장에 열심히 다니세요. 우리 유림 엄마가 A엄마를 전도하고 싶은데 그 엄마가 16층 엄마랑 친해지고 싶었대요."라고 말하니 "저 사실 교회는 몇 년 다녔는데 목장모임 한 번도 안 갔어요. 직장 다닌다고 전도사님들 전화도 다 안 받고."

전 사실 속으로 '어머나!' 하고 깜짝 놀랐습니다.

유림 엄마와 저는 "그래요? 우리 목장으로 와서 같이 예배드려요! 다음 주 시간 괜찮으세요?" 하며 인사를 건네어 돌아오는 주에 목장모임에 초대 하였습니다.

마침 지나가던 목원 은혜 자매도 있기에 "저 아기 엄마도 우리 목장이에 요." 하며 아파트 정문 앞에서 신나게 웃으며 이야기하곤 목장모임에서 만나기로 하고 헤어졌습니다.

　목사님 말씀처럼 먼저 인사로 정복했을 뿐인데 인사를 하니 하나님이 필요한 부분에 골고루 잘 사용해 주셔서 잃어버린 영혼들이 돌아올 수 있었습니다. 인사만 잘해도 전도가 됩니다. 할렐루야!

조인형 집사

마음을 비추는 파란 신호등

우리 교회엔 조금은 창피할 수도 있는 현수막이 걸려있습니다. "인사만 잘해도 먹고는 산다" 그런데 이걸 버스에 붙인다고 하시는 것이었습니다. 창피해서 어찌 차를 끌고 다닐까 라는 생각이 머리에서 떠나지 않았습니다. 행사가 있어 버스를 운행하는 날이면 신경이 날카로워졌습니다. 누군가 보고 킥킥거리며 비웃을 것만 같아서 주차는 한적한 곳에 세워 두곤 했습니다.

대추 축제장에 갔을 때도 주차장 먼 곳에 차를 세워두고 차에 앉아 있는데 할머니 한 분이 오셔서 아주 흐뭇한 표정으로 차를 바라보고 계셨습니다. 한참을 보시더니 이런 말씀을 하셨습니다.

"지난해에 동탄시온교회에 다녀갔었는데 그때에 봤던 저 현수막 글씨가 늘 가슴에 남아 있었어요. 근데 여기서 우연히 이렇게 만나니 반가운 마음에 가까이서 보고 싶어 느린 걸음이지만 차가 설 때까지 따라왔습니다."

울컥했습니다. 정작 이 차를 운전하는 나는 창피했는데 이분은 이 글씨를 가까이서라도 보고 싶어 발걸음을 재촉했단 말인가! 하나님의 섭리인가? 이분을 만나게 하심이….

짜증과 불평으로 바라보던 그 현수막! 이제는 제 삶에 파란 신호등이 되었습니다.

요즘 차를 운전할 때에도 담대하게 하고 주차는 가장 눈에 잘 보이는 곳에 당당히 세웁니다. 오늘 새벽에도 제 차엔 현수막이 펄럭입니다.

"인사만 잘해도 먹고는 산다!"

박명근 권사

부록
바르게 인사하기

1. 먼저 하십시오.

인사할 때 가장 어려운 순간은 누가 먼저 할 것인가 눈치를 볼 때입니다. '내가 먼저 인사하면 이상하게 생각하겠지?' '혹시 나를 우습게 여길지 몰라.'라고 생각된다면 우리는 결코 인사를 할 수 없습니다. 상대방이 먼저 나에게 인사를 해주면 쉽게 서로 인사하는 관계가 되는데, 서로 눈치만 보는 사이가 되면 상당히 어렵습니다.

참으로 어색한 순간은 이러한 이웃이 같이 엘리베이터를 탔을 때입니다. 날마다 같은 시간에 만나지만 서로 침묵합니다. 서로 시선을 어디에 둘지 몰라 핸드폰을 보기도 하고, 벽에 쓰여 있는 글씨를 읽기도 합니다. 하지만 이때 먼저 인사를 건네면 어떻게 될까요? 이전의 어색하던 모든 감정이 한순간에 사라지고 친근감이 들기 시작합니다.

처음 시작이 어렵지 몇 차례 반복되면 그때부터 인사는 즐거움이 되기 시작합니다. 중요한 것은 먼저 인사하라는 것입니다. 누가 먼저 할 것인가 눈치 보지 마십시오. 무조건 내가 먼저 머리를 숙이고 인사할 때, 혹은 손을 들고 반가움을 표시할 때 상대방의 마음은 눈 녹듯이 모든 경계감이 사라지게 될 것입니다.

2. 찾아가십시오.

이 부분은 "인사는 정복입니다."와 중복될 수 있는 부분이기도 합니다. 내가 먼저 찾아가는 적극성과 실천성이 앞서지 않고는 결코 인사는 진행되지 않습니다. 만나기만 바란다면 우리는 인사하기로 목표한 그 사람을 영영 만나지 못할 수도 있습니다. 우리가 움직이는 동선이 겹치지 않는다면, 시간이 겹치지 않는다면 인사를 하고 싶어도 할 수가 없습니다. 직접 찾아가십시오. 제가 언제나 강조하듯이 인사는 정복입니다. 찾아가 정복하는 것입니다. 내가 가야 합니다. 우리가 기도하며 찾아갈 때 성령님께서 우리가 인사할 수 있는 환경을 만들어 주시고 그가 인사를 받을 수 있는 열린 마음을 갖도록 변화시켜 주실 것입니다.

찾아가지 않는 인사는 길거리 인사밖에 되지 않습니다. 길거리 인사는 한정적입니다. 매일 만나는 분들밖에 만날 수 없습니다. 그렇다면 우리가 주님께 받은 인사의 사명을 감당할 수 없습니다. 주님을 힘입어 날마다 찾아가십시오. 당신이 주님의 이름으로 찾아갈 때 그는 열린 마음으로 당신을 맞아 주게 될 것입니다.

3. 미소로 다가가십시오.

인사를 가리킬 때 가장 중요하게 여기는 것은 분위기를 통해 전해지는 마음입니다. 상담학적 용어로는 비지시적 언어라고도 합니다. 분명 말하고 있지는 않지만 그의 몸짓과 표정이 인사를 기쁨으로 하는지 혹은 시켜서 억지로 하는지 안다는 것입니다.

만일 당신이 찌푸린 표정으로 다가가 인사한다면 분명 그는 당신이 시비를 걸기 위해 온 것이라고 생각할 것입니다. 그러면 그는 당신의 인사에 화답하지 않고 오히려 당신을 경계할 것입니다. 혹시 재빠르게 도망갈지도 모릅니다.

반대로 당신이 밝은 미소로 다가간다면 그는 당신이 진심으로 인사한다는 것을 알고 마음의 경계를 풀게 될 것입니다. 그리고 당신의 인사를 진심이라고 이해하며 당신의 인사에 밝게 화답할 것입니다. 그렇기 때문에 미소로 다가가는 것이 중요합니다. 혹시 잘 모르겠다면 인사를 하는 당신의 모습을 거울로 확인해 보십시오. 과연 미소로 인사하는지 아니면 찌푸린 얼굴로 인사하는지. 만일 당신의 얼굴에 미소가 없다면 거울을 보며 미소 연습을 하십시오. 미소가 없는 인사는 인사가 아닙니다.

4. 밝고 부드러운 목소리로 하십시오.

사람들에게 사랑받는 분들의 특징을 보면 그의 목소리에 밝음과 부드러움이 들어 있음을 알 수 있습니다. 우리는 소리로도 다른 사람의 감정 상태를 짐작하게 됩니다. 목소리에 기쁨과 부드러움이 없다면 우리는 그가 진심으로 인사한 것인지 알 수가 없습니다. 아마 이러한 목소리로 인사를 한다면 분명 그는 '혹시 아픈가?', '하기 싫은데 형식적으로 인사하는 건가?'라는 생각을 하게 됩니다.

냉철하게 자신의 목소리를 판단해 보십시오. 만일 당신의 인사가 다른 사람들에게 신뢰를 주지 못한다면 그것은 당신의 목소리 때문일 수도 있습니다. 당신의 목소리를 통해 사람들에게 신뢰를 줄 수 있도록 해야 합니다. 밝고 부드러운 목소리를 낼 수 있도록 노력하시고 연습하십시오. 사람들은 당신의 밝고 부드러운 목소리를 통해 당신의 진심을 받아들이며 당신에게 호감을 표시할 것입니다.

5. 따뜻한 스킨십으로 마음을 표현하십시오.

스킨십은 인사에 친밀감을 더해 줍니다. 스킨십은 피부를 통해 정을 나누는 행위를 의미합니다. 인사와 함께 서로 접할 수 있는 스킨십이 함께할 수 있다면 보다 깊은 정을 나눌 수 있을 것입니다. 가벼운 목례보다 가볍게 악수와 포옹이 함께할 수 있다면 당신은 그에게 보다 깊은 신뢰를 전할 수 있게 될 것입니다. 우리는 따뜻한 손을 내밀어 그를 잡아 주는 것만으로 그에게 사랑의 마음을 전달할 수 있습니다. 때로는 말보다 손길에 더 큰 위로를 받기도 합니다. 어떤 때는 말보다 어깨를 감싸 주며 톡톡 토닥여 줄 때 더 뜨거운 위로의 감정을 느끼기도 합니다.

하지만 이 스킨십은 주의가 필요합니다. 혹여 우리의 스킨십이 불쾌감을 준다면 혹은 어색함을 준다면 우리는 스킨십을 중단해야 할 것입니다. 인사는 가벼운 목례만으로 또는 몸짓과 음성만으로도 우리의 마음을 전할 수 있습니다. 무리한 스킨십은 커다란 문제가 될 수도 있습니다. 하지만 상황에 적합한 스킨십은 마음을 움직이게 하는 데 중요한 역할을 합니다. 따라서 적절하게 사용하는 지혜가 필요합니다.

6. 마음으로 인사하십시오.

인사는 그 사람이 어떤지를 알게 하는 중요한 판단 요소가 되기도 합니다. 인사를 형식에 치우쳐 한다면 사람들은 금방 인사에 마음이 담기지 않았다는 것을 알게 됩니다. 사람들은 이처럼 마음이 담기지 않은 인사에 호감을 나타내지 않습니다. 아무리 그가 하루 종일 인사를 하고 다녔다고 해도 진심이 담기지 않은 인사는 아무런 효력이 발휘되지 않을 것입니다. 인사는 마음이 함께해야 합니다. 인사에 마음이 담길 때 사람들은 우리의 인사를 소중한 것으로 받아들이며 당신의 인사에 반응할 것입니다.

7. 대가를 바라지 마십시오.

　인사를 시행함에 있어서 중요한 것은 대가를 바라지 말아야 한다는 것입니다. 내가 인사를 했으면 그 인사에 대해 반드시 응답해야 한다고 생각합니다. 혹시 그가 나의 인사를 받고 바로 응답해 주지 않으면 우리는 자신을 무시한 것이라고 생각하기도 합니다.

　매일 열심히 인사했다면 그 인사로 우리가 할 바를 다 한 것입니다. 이렇게 열심히 인사를 하는데 사람들이 왜 나를 알아주지 않고 칭찬해주지 않느냐며 불평을 터트린다면 그의 인사는 바르다고 할 수 없습니다. 우리는 3-4번 대접을 하면 1번은 대접하겠지라고 기대하곤 합니다. 하지만 우리가 드리는 인사는 그것조차 하지 않는 것입니다. 인사는 대가 없이 하는 것입니다. 인사에 대가를 바란다는 것 자체가 인사가 아닌 다른 욕심을 그 속에 가지고 있다는 증거가 됩니다. 인사를 하십시오. 하지만 무엇을 바라지 마십시오. 당신의 인사 그 자체가 가지고 있는 의미에 충실하십시오. 우리는 인사하는 것에만 신경을 써야 합니다.

8. 칭찬을 통해 인사를 빛나게 하십시오.

　칭찬은 우리의 인사를 빛나게 합니다. 인사와 함께 상대를 향한 칭찬을 하면 상대방은 자신도 모르게 마음의 문을 활짝 열게 될 것입니다. 만일 우리가 인사와 함께 그의 약점을 한 가지 이야기한다면 그것이 아무리 호의에 의한 것이라 할지라도 상대방은 결코 인사를 기쁨으로 받지 않을 것입니다. 그의 인사는 저 멀리 사라지고 그의 마음속에는 비평의 소리만이 남게 될 것입니다.

사람들은 누구나 비난보다 칭찬을 듣기 원합니다. 비록 그 칭찬이 구체적이지 못하고 논리가 약하다 하더라도 우리의 칭찬은 그에게 귀한 호감으로 남게 될 것입니다. 평소에 그 사람을 눈여겨보십시오. 그리고 칭찬할 것이 무엇이 있는지 고민하십시오. 그리고 당신이 고민한 칭찬으로 그에게 인사를 건네십시오. 비록 그 칭찬이 아름다운 말로 되어 있지 않더라도 칭찬으로 인해 당신의 인사는 더욱 빛이 납니다.

9. 연습을 통해 인사를 완성하십시오.

인사도 운동과 마찬가지로 꾸준한 연습을 필요로 합니다. 운동선수는 하루만 운동을 쉬어도 근육이 굳어져 필요한 근육을 마음대로 사용할 수 없습니다. 그렇기 때문에 운동선수는 아무리 힘들고 어려운 상황 가운데 있더라도 운동을 거르지 않습니다. 몸을 풀 수 없다면 어떤 핑계를 내서라도 거리를 달리고 있을 것입니다. 이렇게 자신을 꾸준히 관리하고 채찍질 하는 사람이 프로입니다. 우리의 인사도 마찬가지입니다. 과거 우리 몸에 배인 인사가 모든 것이 아닙니다. 적절한 인사를 위해 연습해야 합니다. 보다 나은 표정을 위해, 보다 좋은 설득적인 몸동작을 위해 고민해야 합니다.

인사를 위해서 미리 거울을 보십시오. 당신이 전하는 인사에 당신은 어떤 표정을 짓습니까? 당신의 표정은 어떻습니까? 당신의 말투는 그리고 당신이 전하는 말은 어떠합니까? 당신의 인사가 설득력을 가질 수 있도록 날마다 갈고닦아야 합니다.

10. 시간과 장소를 불문하고 인사하십시오.

우리는 언제 어디에서 인사를 할 수 있을까요? 인사를 하지 말아야 할 장소가 있을까요? 아닙니다. 인사는 시간과 장소를 불문합니다. 당신이 그 사람을 만났을 때, 당신이 그 사람을 찾아 갔을 그때가 바로 인사를 나눠야 하는 가장 좋은 때입니다. 지금 그 사람을 만나면 '인사가 부담스러울 거야.'라며 미리 짐작하지 마십시오. 인사에는 시간과 장소가 없습니다. 만일 당신이 그에게 인사를 나누게 된다면 당신은 그 사람과 깊은 관계를 맺을 수 있는 절호의 기회를 얻게 됩니다.

　인사와 함께한 목회의 시간들은 감동이었습니다. 하나님께서 어린 시절 아버지로부터 배우고 익히게 하신 인사가 이제는 저를 아는 모든 성도님들이 함께 누리는 은혜가 되었습니다. 어린 시절 그저 당연하게만 생각했던 인사는 인생을 살면 살수록, 그리고 주님을 알면 알수록 그 중요성을 더욱 절실히 느끼게 합니다. 인사를 하게 하신 하나님! 그리고 인사를 찾으시는 하나님! 그 하나님이 이제 모두에게 인사를 가르치도록 그리고 삶에서 실천하도록 인도하십니다. 인사와 함께 지나온 저의 삶은 행복이었습니다. 처음에 어색하게 여기고 멋쩍은 웃음을 날리던 성도님들이 어느덧 진지해지고 이제는 인사를 하지 않고 넘기는 날이 없을 정도로 더 열심이십니다.

　우리가 드리는 인사가 사람들만을 향한 것이 아님을 매일 느낍니다. 하나님께 새벽마다 드리는 인사, 그리고 수요 예배 그리고 매주 예배를 통한 인사로 더욱 가깝게 나아갑니다. 우리 하나님은 우리의 인사를 너무 기쁘고 흐뭇하게 바라보십니다. 그리고 우리의 모든 필요를 세밀하게 살펴주십니다. 우리는 그 은혜를 알기에 더욱 하나님께 인사드림을 게을리 하지 않는 것입니다. 또한 우리의 인사는 이웃을 향한 섬김이요, 복음에의 부르심이라는 사실을 고백합니다. 이웃의 개념이 희미해져 가는 현대에 인사는 새로운 삶의 활력소처럼 잊혀 간 우리 선조의 아름다운 교제와 섬김 그리고 돌봄을 느끼게 합니다. 하지만 이러한 모든 것이 우리 주님께서 말씀을 통해 우리에게 명하신 명령임을 기억합니다.

저희 성도님들과 날마다 나누고 결코 잊을 수 없는 생각으로 각인시킨 "인사만 잘해도 먹고는 산다"는 결코 우스운 표어가 아니라는 사실입니다. 인사 한마디에 인생이 바뀌기도 합니다. 인사만 잘해도 먹고만 사는 정도가 아니라 인생이 바뀔 수 있습니다. 인사만 잘해도 인생 최고가 될 수 있습니다. 그것은 성경이 우리에게 증거하는 진리입니다.

저는 앞서 제가 생각하는 인사에 대한 정의를 12장에 나눠 설명드렸습니다. 부족하나마 이러한 인사가 우리를 그리스도의 사랑으로 더욱 풍성하게 할 줄 믿습니다.

따라서 저는 다시 한번 인사를 정의하며 글을 마치고자 합니다.

"인사는 관심입니다."
"인사는 정복입니다."
"인사는 나눔입니다."

"인사는 소통입니다."

"인사는 겸손입니다."

"인사는 돌봄입니다."

"인사는 최고의 리더십입니다."

"인사는 사랑입니다."

"인사는 예배입니다."

"인사는 복음입니다."

"인사는 전도입니다."

"인사는 부흥입니다."

인사만 잘해도 먹고는 산다

초판 1쇄 발행	2017년 11월 1일
7쇄 발행	2024년 2월 6일

지은이	하근수
발행인	이영훈
편집인	김형근
편집장	박인순
기획·편집	강지은
디자인	김한희

펴낸곳	교회성장연구소
등 록	제 12-177호
주 소	서울특별시 영등포구 은행로 59. 4층
전 화	02-2036-7936
팩 스	02-2036-7910
홈페이지	www.pastor21.net

ISBN | 978-89-8304-274-3 03230

"무슨 일을 하든지 마음을 다하여 주께 하듯 하라." (골 3:23)

교회성장연구소는 한국의 모든 교회가 건강한 교회성장을 이루어 하나님 나라에 영광을 돌리는 일꾼으로 성장하는 것을 목표로, 목회자의 사역과 성도들의 영적 성장을 도울 수 있는 필독서들을 출간하고 있다. 주를 섬기는 사명감을 바탕으로 모든 사역의 시작과 끝을 기도로 임하며 사람 중심이 아닌 하나님 중심으로 경영한다. "무슨 일을 하든지 마음을 다하여 주께 하듯 하라."는 말씀을 늘 마음에 새겨 하나님께서 주신 사명을 기쁨으로 감당하고 있다.